「老い」の秘訣

伊勢孝雄
ISE TAKAO

幻冬舎MC

「老い」の秘訣

プロローグ

やってきました！　いよいよ75歳、私の年齢でございます。

この本では、75歳の私が、人生１００年までの時間を有意義に、そしてイキイキ過ごす方法を模索している様子と考え方、実践していることを綴りたいと思っております。

人生１００年について考えたひとつのきっかけは、テレビのコマーシャルだった気がします。ひまわり畑の中に立つ麦わら帽子をかぶった少年が、「１００年生きるって幸せですか？」「おもしろくなりそうですか？」と問いかけていたのです。

どうなるでしょうか。

人生75年、めざすは毎日が幸せいっぱいの「隠居生活」を送ることでございます。私の世代では、人生50年という人生観を抱いて生きてきた人も少なくありません。『ＬＩＦＥ・ＳＨＩＦＴ』（アンドリュー・スコット／リンダ・グラットン著／池村千秋訳）という本によると、２００７年に生まれた日本人の約半数が１０７歳まで生きる可能性がある、というようなことが言及されていますし、私の周りをみても、高齢者の多さは実感できます。

今まさに、私たちはこれまでの「勉学―就職―定年」という3ステージの人生から、もっと複数のステージを経験する人生にシフトしなければならないのです。

そのために必要なのは「ＬＩＦＥ・ＳＡＶＥ」ではないかと思うのです。高齢者にもっとも必要なのは、「老後の安心感」と「安全な将来」です。

新聞、雑誌、ウェブなどの記事の見出しを見ると、「定年崩壊」、「格差社会」、「家族崩壊」、「下流老人」等、耳を覆いたくなるようなものが目立ち、気になってしまいます。

75歳の老人でも残された人生を「面白く生きなければ」、「うれしいことを増やさなければ」、という意欲と好奇心があれば幸せな老後を迎えることができます。

これまでは、もちろん自分のためではありましたが、主には家族のため、生活のための人生で、それも生きがいであり喜びでした。これからは、長年待ち望んでいた「自分自身のため」の人生を楽しむことが許される時間です。

「超隠居生活」に向けて、まず手に入るのがこの自分自身のための「自由」な時間です。

私はこの本の中で、自分の生涯を４つに分けて考えていきたいと思います。４つに分けたのは、「四住期」というライフスタイルで、バラモン教の考え方を知ったときに「なるほど」、と思ったのと、五木寛之氏著『林住期』を読んだときに、「林住期」はもっとも輝かしい第三の人生と書かれていたことに影響を受けたからです。４つの期は、このように分かれております。

「学生期《がくしょうき》」　師のもとで勉学に勤しむ期間
「家住期《かじゅうき》」　家庭にあって子をもうけ一家の祭式を主宰する時期
「林住期《りんじゅうき》」　森林に隠棲して修行する時期
「遊行期《ゆぎょうき》」　一定の住所をもたず乞食遊行する時期

ただいま75歳の「林住期」。

「林住期」は、真に人間らしく、自らの生き甲斐を見つける季節でもあります。人間として最も有意義で充実した生き方ができるときです。したがって、この時期を逃すことは人生の大きな損失となります。

「夢の隠居生活」に向けて、まずは自由な時間が手に入ります。そのほかに必要なのは身体の健康と頭脳の健康、そして感謝の気持ちです。

この本を手に取ってくださった方は、多分、私と同世代の方ではないでしょうか。お互いに人生100年まで、笑って過ごす技を身につけてまいりましょう。

私は読書が趣味であり、多くの本を読むことで、自分の考え方を構築してきました。本書が少しでも読者のみなさまのお役に立てば、この上ない幸いです。

目次

第四章　「林住期」への幕開け　71

第五章　人生の四苦――生老病死

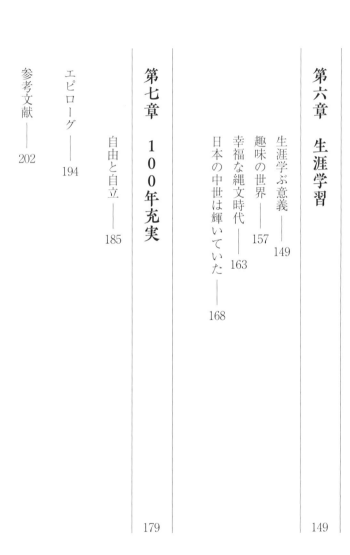

第一章　「１００年人生、目的を持ち幸福を目指す」

多くの人がそうであるように、私自身も社会へ出て、仕事を通して「成功」という目標に向かって走り続けてきました。会社という組織の中で、常に与えられた数字目標を達成することが成功の証でした。

そして、毎年給料が上がり、昇進することが自分にとっての「成功」でした。それは誰もが目指した目標でありました。

最初に入社した会社では、高度経済成長の時代であり、頑張れば頑張るだけ、会社の売上に貢献できたので、夢中で仕事をしました。

往復3時間の通勤時間も苦にはなりませんでした。帰りはいつも午後9時過ぎ、それから食事をして、寝るのはいつも12時過ぎという生活でも、内心では、「会社人間」、「働きバチ」と思いつつも、充実していました。当時の流行語には「24時間働けますか」というテレビコマーシャルも流れていました。

それでも、会社の業績は悪化の一途で、会社は他社に買収され、規模もだんだん縮小していきました。自分の仕事が会社の業績に貢献できていないことに挫折を味わいました。

「成功」とは、何だろう？

疑問が芽生えました。自分にとって得た結果が満足できるものであっても、自分以外の結果が同期していなければ、それは「成功」とは言えないことを、実感しました。

転職した次の会社は、外資系の企業であり、常に自分で仕事の目標を設定し、その成果が会社から評価されました。そこでは、目標も結果も数字で明確に出るので納得度はありました。

それ以外にも、自分で企画立案し、提案し、それが受け入れられ、事業化されて、それなりの結果が出れば、それは自分にとっては「成功」であり、満足感を得ることもできました。

そして、起業してからは、会社全体の業績の一つ一つが自分にとっての結果であり、「成功」、「失敗」につながっています。長期事業計画、年間販売計画等、すべて自分でその時の景況を考えて決めて、期末にはその結果が年間決算書という形ではっきり現れました。

自分が持つすべての能力を出し切った結果が、プラスになるか、マイナスになるか、百パーセント以上の成績であれば自信を持って「成功」であることを、社員や顧客に表明できます。これ以上の舞台はありません。

会社の成績は、毎年社員全員に公表して、良い時も、計画通りにいかなかったときも、全員で結果を共有しました。

引退後の現在、これまでの会社員時代、経営者時代が自分にとって「成功」だったといえるのだろうか、改め、当時をふりかえってみると、

「自分にはまだまだやるべきことはいっぱいあったのではないか、やり残したことはなかったか」

特に、経営者という立場で考えれば、際限がありません。もっともっと頑張ればよかった。考えれば考えるほど、限りがなくなります。多分、これが「成功」を求める姿かもしれません。

三木清が『人生論ノート』のなかで、「幸福」と「成功」を対比して、「幸福が存在に関わるのに反して、成功は過程に関わっている」と指摘しています。つまり、「成功」は、量的に考えられるもので、どこまでも追い求めても限界がない。成功者と言われるひとには「足るを知る」心がないのでしょう。

この文章に接したとき、それまで自分の中にあったもやもや感が胸からすっと消えたような思いがしました。

自分の中では、75歳で引退を決意していましたが、それがなければ、80歳になっても未だ、自分の「成功」への欲求を追い求めていたのかもしれません。その果ては、疲れた老醜をさらして、どこかに倒れていたかもしれません。恐ろしいことです。

したがって、今、自分がこれから追い求めていくべきものは、「成功」ではなくて「幸福」であることに改めて気づかされました。「幸福は各人のもの、人格的な、性質的なもの」であり、自分自身が求めるものです。

「幸福」のポイントは、「個人的なもの」であるということです。他人がどう判断しようが、本人が納得して「幸福」であれば、他人が立ち入る領域ではありません。

「自由」――自分自身の拠り所――を大切にして、自分が望んだ事柄を実現していくことが「幸福」な人生といえるのではないでしょうか。自分の与えられた時間がどれほど残っているかはわかりませんが、自分自身のために時間を使うことの喜びを実感する、老後にしたいと考えております。

その幸福を実現するための参考書として、『幸せな孤独』(前野隆司著　アスコム)の「幸せな孤独を実現する3つの考え方」

・うけいれる　=自己受容

・ほめる　＝自尊心
・らくになる　＝楽観性

が大変参考になると思います。

「幸福博士」と自任している先生が推奨する方法です。

これからの老後は、「孤独」の中で自分の目標（生涯学習）を進めるためには、人との係わりを断たなければなりません。そのために、周りの人からどのような批判を浴びるかもしれませんが、あえてそれを受け入れます。

「自由」に自分のための時間を遂行することを強行しなければならないこともあると覚悟をすることもあります。

自分で決めた生涯学習のテーマについて、なんで役にも立たないことをするのか、と酷評されても、自分が決めたことに誇りを持ってやり遂げなければ、幸福は得られません。

そして、素人がこれからやることで、どれほどの成果を得ることができるかは、わかりませんが、最終地点はありません。途中で終わってしまうかもしれませんが、できるところまで、集中して実行していきます。

「孤独感」は、自分が人々の中にあって、誰も自分の存在を認めてくれない、自分は独りぼっちだ、という状態を自分が感じることです。したがって、「孤独」とは本質的に違います。

前野先生は、「孤独感があると、寂しい、悲しいなどのネガティブな感情になるだけでなく、その状態が長く続くと、やがて心も体もボロボロになってしまいます」と警告しています。

一方、「人間は孤独でいるかぎり、自分自身であり得るのだ。だから孤独を愛さない人間は、自由を愛さない人間にほかならぬ。孤独でいるときにのみ人間は自由なのだから」(アルトゥル・ショーペンハウアー)

残りの人生を「幸福」に生きるためには、健康、自由、孤独、自主性など他人と比べなくても喜びを得られる、自分の内側にあるものを目指すことです。

それと「幸福」になるためには、「自立」も大切です。周りの人に依存することなく、自分の意志で行動できる体調を維持する。自分が正しい判断ができる健全な脳の機能を維持する。それが人に迷惑をかけない老人です。

「幸福」であるためには、「自由」と「自立」が重要なキーワードです。

我が家の玄関には、相田みつを氏の言葉のコピーが飾られています。

「幸せはいつも自分のこころがきめる」

最後まで楽しく生きる

『老いのケジメ』(斎藤茂太著)の中で、「テレビで、人生は『へ』の字だといっている老人がいた。101歳だそうだ。ぐっと上がってゆっくり降りていく、それが人生というものだ。まことに含蓄のある言葉ではないか」と述べています。40歳位を頂点として、それまでは、急上昇し、それ以降はなだらかな下り坂の後半生が待っている、ということだ。「人生100年時代」であれば、下り坂は60年もあります。前半の1・5倍の時間もあります。後半の人生の方が、大変ですが、途中で「定年」や「引退」などがあり、そこでひと段落できます。

むしろ、その時の方が、後半人生の生き方を左右する決断を求められる時です。

自分の場合は、幸か不幸か、それからの15年間を再度上り坂・下り坂を経験してしまいました。富士山を静岡側から見ると、右側の稜線に小さな宝永山が見えます。江戸時代に噴火した跡です。その宝永山の如き人生の小さな山を人生の後半で築いてしまいました。

その15年間は、まだ50代後半から60代、70代半ばまで続きました。ドロドロした若さのマグマが体内に残っており、欲望が火山の噴火の如く爆発した結果でした。

それも75歳を区切りに引退をして、改めて、人生の下り坂をゆっくり下っていく生活を再開する時を得ることができました。

これまでの会社中心の生活を清算して、自分だけのための人生を過ごす生活に切り替えることが始まる時期です。終わりのない「成功」を目指した競争社会では多くのものを得た代わりに失ったものも多々ありました。

毎日の生活が仕事中心で、自分の健康を心配しながら、長時間働き、事業計画を達成するために強いストレスを身に感じながら、得たものは、仕事に対する達成感と、多少の老後資金くらいのものかもしれません。

一方、喪失したもののなかで一番は、「時間」です。それは同時に「若さ」の喪失にもつながっています。これは、人生の「空」である「無常」であり、世の中のすべてのものは、変移した結果です。その変化の中で自分が選択した結果であり、「自業自得」です。

それ以外の喪失は、社会的地位、名誉、収入の喪失等であり、これからの人生では人生を賭けて求めるものではありません。これらはあの世にまで持っていくことができないからです。

これからは、残りの下り坂をゆっくり生きていく方法を見つけて、それを実践していくための時間です。他人のためでなく、自分自身のために、自分が長年憧れていた学ぶことを楽しむことだけに集中することに費やすことができる時間です。
「人生１００年時代」にふさわしい生き方をするために、一度立ち止まって、これまでの人生観や、死生観を改めて考え直して、新しい生き方、価値観を再構築しなければならないと考えます。

これからの生き方の中心は、「自分自身が中心」のスタイルを貫くことです。社会の常識に合わせたり、迎合したりすることを止めることが第一番です。これまでのように「他人のため」に自分を犠牲にすることを放棄して、自分のためにだけ時間を使うことを心掛けます。

後半生の基本的な生き方は、「自由」を満喫することです。これまでのように、何をするにも制約をされていた時間から完全に開放される人生が始まりました。これからの生活の基準は「自分自身が拠り所」です。

自分が考えたこと、自分が好むことだけをすることが、これからの時間の使い方です。

老後の「孤独」は精神的に良くない、という精神科医もいますが、自分中心の生活を全うするためには、「孤独」を貫くことが大切であることは言うまでもありません。自分が中心であり、人と面接する必要がある時にはこちらから接触をする。自分の生活のペースは自分自身でコントロールする強い意志を持つことが必要です。

元来、多くの人と群れることは好きではないので、むしろ「孤独」は、自分にとって好ましい時間を過ごすことができる時です。

これからの人生を生きていくためのイメージは既にでき上がっています。この先、どれだけの時間を享受することができるかわかりません、将来を予見できない以上、生きるための時間は、「今日、ここ」だけに限定し、一日の時間を有効に過ごすことに気持ちを集中することです。

朝は、日の出とともに起床し、「今日も新しい朝を迎えることができたことに感謝」をして、朝日を浴びながら1時間のウオーキングをする。1日約7000歩を歩いています。その際は、五感で朝の大気やその際の季節を感じながら、かつ、新しいアイデアを考えながらゆっくり運動する。基本的に雨の朝以外は必ず続けています。

1日3回の食事にも気を使いながら、朝はコーヒーの豊潤な香りを味わいながら朝食をとる。その日1日にやるべきことを確認して、その日の活動を開始します。

毎日の心構えとしては、先人の貝原益軒先生の『養生訓』巻八にあるように、「老後はわずかに1日でも、楽しまないで空しくすごすことは惜しまなければならぬ。老後の1日は千金に値するものである。ひとの子たるものは、このこと心にかけて思わないでよいはずはない」と、老後の1日の大切さを強調しています。

1日の時間は生きている我われにとって等しく与えられていますが、老後になると、その時間が過ぎる速さが年と共に速度を増すように感じます

年齢が増してくると一番大切なものは、改めて考えるまでもなく、「時」ということでしょうし、その時になってみないと実感できないのが人間の愚かさかもしれません。

今の人は、「自分はいつから老人だと思うか」という質問に対して、半分以上の人が「70歳からが老人」との回答でした。国が定めた老人は、65歳以上74歳までを「前期高齢者」、75歳以上を「後期高齢者」として区別しています。

さすがに老人も70代になると「個人差」が大きくなってくるように思えます。「老人格差」という言葉もありますが、見た目でも同じ70代でもかなり相違がみられます。

特に、若い頃より積極的に活動したり、学ぶことが好きな人は、若々しく見えます。その差は間違いなく、「好奇心」と「意欲」ではないでしょうか。好奇心の旺盛な人は、活動的で何事にも興味を持ち、前向きな生き方をしてきた人に間違いありません。

70代の老人の特権は、24時間の自由時間を持っていることです。その特権をいかして、自分の好奇心を満足させるため、自分が興味を持った事柄について、ゆっくり学んでいくことが老人としての幸せな生き方だと思って実行しています。

そのように幸せな時間を過ごしていく中で老いも進んでいき80代になれば、70代の時の

ような活動も自然に衰えて来ることを止めることはできません。

ゆっくり体を動かしながら、頭脳は明晰に働かせるために、日々精進して、学ぶ喜びを継続していく覚悟は持っています。

これまでに多くの書籍を収集してきました。引退後に読むために集めた本を紐解く楽しさを十分味わっています。

老人にとって細かい文字が並ぶ1ページを読む作業は骨が折れますが、時間をかけてゆっくり味わいながら読む瞬間を楽しんでいます。知らなかったことを一つ知ることは自分にとっての財産です。

多くの本の作者の年齢は、50代、60代、それ以上に70代、中には80代になっても精力的に書き続けた作者もいます。それらの本を読む自分も、作者の年齢に近づいてきたので、その作者の心情や、その内容が多少は分かる時期になったのかもしれないので、一層に本を読む楽しみが増します。

これまで持っていた知識が、今の年齢になって考えると、全く違った世界が開けてくることもあります。それが「知る」楽しさです。

それ以上に感じることは、ソクラテスが言う「無知の知」を実感していることです。

一つの事を知ることで、自分がいかに知らないことが多いか落ち込むことがあります。

これからの毎日は、そのことの繰り返しを味わいながら一日をすごしていくのかもしれません。

そして、人生最後の作業としては、自分なりの「死生観」を持つことです。誰もが通過することでありながら、誰も確信を持って確定できないことです。お釈迦様でも「無記」として、いっさい言及されなかったことです。

「死」が恐ろしいのは、誰もが経験したことのない世界だからということです。一人で死んでいくことの恐ろしさも言われています。しかし、我われは「死」という「苦」から逃れることはできません。

逃れることができないのであれば、視点を変えることで、その恐ろしさから逃れる方法はないのだろうか、と考えました。

「死を恐れる心」については、各人の心の持ちようであり、それを自分なりに分析し、心の有りようを変えることで解決できるのはないだろうか、と思って自分の「死生観」を持つことができると思うようになりました。

同時に、その最期の時がいつかは誰にもわかりません。その未確定なことに悩まされるよりも、「今、ここ」を大切にいきることに集中して、一日を充実していきることが大切だ、という思いも大切です。

斎藤茂太先生の著書『老いへの「ケジメ」』のなかで、「ジタバタと騒がずに、自分らしさを探せばいい。人生の長い下り坂の中に大きな意味が隠されているとすれば、探し出すのは自分しかいない」とアドバイスされています。

自分の人生は、自分自身を拠り所として、自分の人生の目的を探していくしかなさそうです。その目的（夢）を持っているかぎり、気持ちの張り合いを持ち続けることができるでしょう。

第二章　私の学生期～家住期《かじゅうき》

この章からは、私の歩いてきた人生を中心に、生涯を４つの期に分けて、綴ってみたいと思います。プロローグにも書かせていただいた４つです。

①　学生期
②　家住期
③　林住期
④　遊行期

現在75歳の私がいるのは、③であり、これから④の遊行期、いわば「隠居」に向かうところであります。

22歳までの「学生期（がくしょうき）」　勉学に励む

我々の世代では「人は、生まれた家庭で育まれ、社会の中で揉まれて覚醒し、時代の流れの中で人生を構築していく」という一生を過ごす、という考え方が中心だったように思います。

我われは両親はもとより、生まれてくる国も時代も選ぶことはできません。両親からDNAを受け継ぎ、両親の庇護の下で育ちました。その後、両親が築いた家庭を巣立ち、社会という漠然とした世の中で、仕事をし、多くの人たちから影響をうけながら、自分自身を確立していきます。

昭和21年（１９４６年）生まれの世代は、終戦翌年であり、「焼け跡世代」に含められたり、「団塊世代」に含められたりと、曖昧な存在であり、自分のアイデンティティが中途半端な立ち位置にありました。

「団塊世代」は、昭和22年（１９４７年）から昭和24年（１９４９年）に生まれた世代で、合計約８００万人の膨大な人口で、我われは、常に背後に大きな塊のプレッシャーを感じて学生生活を送ったことを思い出します。

私は静岡県の中部地域に位置する清水市（現在は静岡市と合併し、清水区と呼称）で産声を上げました。子供のころには、近くに海水浴場もあり、夏の海水浴シーズンになると臨時駅が設けられ、海水浴客でにぎわっていました。その海水浴場も現在は防波堤が築かれ、清水港の港湾施設の一部に変貌しています。

気候は温暖であり、山間部では蜜柑を栽培し、一大産地になっておりました。母親の実家は蜜柑栽培をしており、冬になると、手が黄色になるほど蜜柑を食べていました。

戦後の貧しかった時代に、夏場は同年代の近所の仲間と海で泳いで、昼食後に昼寝をして、午後は暗くなるまで近くの小学校のグラウンドで野球に熱中する毎日でした。小学校、中学校は地元の学区内でしたので、ほぼ全員が自動的に進級していきました。

中学時代の1クラスは50人で、学年全体で250人でした。

中学時代は、授業が終わると陸上部での活動に没頭してほとんど勉強はしませんでした。地方の学校では、いまのような受験競争もなく、自分の実力で入れる学校で満足するようなのんびりした学生生活でした。

そのような中で、中学二年生のクラスの担任だった先生（社会科の先生）に出会い、人間としての生き方、他人との付き合い方などを諭していただきました。当時私のクラスでは弱い者いじめがはやっていました。先生は私に、「いじめは断固阻止すべきだ」と諭されました。また、先生に出会ったことで、勉強の大切さに目覚め、勉強を積極的にするようになり、成績も学内で飛躍的に伸びました。

その後、母親の勧めもあって、学区外の商業高校に進みました。

一人の恩師との出会いにより、将来の自分の人生を変えることができたことは、私の生涯にとって大変な幸せでした。中学を卒業して以来お会いしてませんが、感謝の気持ちを持って思い出すことができております。

１９６０年代初めに高校受験の夜間勉強では、よくラジオの深夜放送を聞きながら勉強していました。「ながら族」の走りでした。丁度、１９６1年（昭和36年）に「６８９コンビ」（作詞永六輔、作曲中村八大、歌手坂本九）が発表した『上を向いて歩こう』がヒットした年でした。

商業高校は、電車を二度乗り換え、駅から学校まではバスという、片道1時間半かかる長距離通学でした。その頃、多分、誰もが経験する初恋も経験しました。今は良い思い出です。

戦後の日本経済は、昭和30年（１９５５年）ごろから「高度経済成長期」に入っており、「重厚長大」システムの勃興期であり、工場では大量生産が本流となり、単純労働力を必要としていました。家族経営が中心の商店などでも、配達や店番などする労働力を求めていました。

１９６０年代の日本は、既に「高度経済成長期」にありましたが、高校への進学率は半数程度で、大学進学率は短大を含めても1割程度でした。特に東北地方の義務教育を修了した15歳は、仕事を求めて集団で都会へ働きに出る「集団就職」を希望して、都会に夢を持って就職をしました。この年齢の若年労働者は当時「金の卵」として大切にされました。学校を卒業した15歳達は臨時列車で上野駅の18番ホームに到着し、そこからそれぞれの就職先に引率されて行きました。

そのような時代背景の中で、当然、高校を卒業したら、銀行か、会社に就職することを考えていましたが、小学校の修学旅行の時、横浜港の埠頭でのバスガイドさんの言葉「誰か将来この港から外国へ行く人が出るかもしれませんね」を思い出しました。当時は、船が海外渡航の主流でした。

その言葉を聞いていた12歳の少年の記憶を思い出しました。あの時、心ときめいた自分が蘇ってきました。「将来自分は、海外に行って、英語を使って仕事をしたい」という「憧れ」が大きく膨らんできました。

「そのためには、大学へ行って勉強する必要がある……」。しかし、そうは思っても、我が家の経済状態ではとても無理であることは分かっていました。やはり諦めるしかないか、と思いましたが、これまで、常に励ましてくれた母親であれば何とかしてくれるのではないか、というはかない期待を持って相談しました。母の答えは、意外にも全面的に応援してくれるとのことでした。「学んで身についたことは一生自分の宝である」と、進学することを勧めてくれました。

我が家の財布は母親がしっかり管理しており、父親も賛成してくれました。母親は働いて応援してくれました。そのような状況でしたので4年間はしっかり授業にも出席し、無事に卒業をすることができました。

3年生になり、専門分野を学ぶための専攻は、将来海外で仕事をするために、「商業英語」のゼミを選択しました。海外との貿易関係の仕事をするためには、必要な科目でした。「学生期」の志学の時期に出会った人々、中学時代の先生、寮生活で出会った友人、ゼミの恩師、そして母親の言葉などは、自分の人生の中で一番向学心に燃える時代に出会えた恩人です。

卒業時の昭和44年（1969年）は、全国的に既存体制への反発をする学生運動が盛んでした。東大の安田講堂を全共闘が占拠していたように、全国大学では校舎封鎖などにより、卒業式も静粛に挙行することができませんでしたが、無事卒業することはできました。

22歳～75歳までの「家住期」　一家の主として

昭和40年（1965年）から始まった「いざなぎ景気」は、昭和43年（1968年）に日本のGNP（国内総生産）が世界第2位になり、昭和45年（1970年）にかけて57カ月間続いていました。その前年の昭和44年（1969年）に卒業し、4月から国内一部上場企業の音響製品の製造・販売会社へ就職しました。音響業界は、当時の花形産業でした。

会社は、製品の7割近くを海外に輸出しており、いずれは、その製品を海外で販売する営業の仕事を熱望して入社しました。当時の音響業界は、ソニーがトランジスターを開発し、小型トランジスターラジオを輸出していました。またパイオニアは、従来の一体型ステレオから、コンポネント・ステレオを開発・販売していました。その後、ラジオとテープレコーダーを一体型にしたラジカセを中堅会社が製造し、積極的に海外市場に輸出していました。当時の「為替レート」は、1ドル360円の固定相場制であり、輸出企業は大いに潤いました。

しかし、いつまでも日本の思う通り事は運びませんでした。昭和46年（1971年）、アメリカのニクソン大統領の発表によるドル・ショックで、円相場は調整され、輸出は陰りを見せ始めました。

それでも入社2、3年目の私は、呑気に社内の野球部に入り、休日には社外の会社と交流試合などして青春を謳歌していました。

入社後6年目に社内結婚することになり、社長に式への出席をお願いに行った際に、社長秘書から、「社内結婚は、金魚鉢の中の金魚をすくうようなものね」と冷やかされたことも懐かしく思い出されます。

翌年には長女が誕生しました。その頃は、仕事が多忙で、誕生後すぐには病院に行くことができず、誕生してから一週間後にやっと子供の顔を見ることができました。そのことは、今でも思い出したように責められることがあります。今では決して許されざる行為です。

昭和48年（1973年）は第四次中東戦争により、国内ではオイル・ショックに見舞われ、店頭からトイレットペーパーがなくなりました。そして、戦後初めて実質マイナス成長を経験し、「高度経済成長」は終焉を迎えました。

海外販売が主流だったわが社の業績は、軌を一にして、業績が悪化していきました。

私は、『団塊の世代』（堺屋太一著）の第一話の主人公・富田茂樹が経験したと同じ体験をしていることを不思議に思いながら読んだ記憶があります。

A電機工業に入社し、社長秘書役付から地方支店等を経験し、その後は社長室企画課長として、業績が落ち込んだ会社の立て直しを指示されました。彼は、将来を見越して会社に「コンビニエンス・ストア・チェーン」の新設を提案しました。最終的にはコンビニを退職金がわりに引き継いで店を継続するという話です。

A電機工業は、私の就職先の会社と同じ音響製品を製造・販売する会社でしたが、業績が下降状態になり、新規事業を推進することになりました。

我が社も、ディスカウント・ストアを全国展開する会社に買収され、当時は、販売会社がメーカを吸収する「垂直統合」ということで話題をさらったこともありました。私は、富田茂樹と違って、途中で退社を決意しました。入社して15年、37歳の時でした。

次の転職先は、人材紹介会社の知人から紹介されました。特にハローワークに通うこともなく、新しい会社に就職が決まりました。当時は池袋のサンシャイン・シティに本社がある外資系コンピューター会社の日本法人でした。

よく「外資系企業は、結果を出さないと簡単にやめさせられる」と言われており、多少の不安を抱えながらも、新しい仕事に就くことができました。私にとって、その後の人生の大きな飛躍をする機会となりました。

会社は、日本企業と同様、あるいは、それ以上に家族的な雰囲気がありました。米国本社はボストン郊外にあり、世界で第2位の規模の企業でした。会社は創業以来30年以上が経過していましたが、社風は「アントレプレナー」（起業家精神）が未だ生きていました。毎年大幅な組織替えが試みられ、技術集団の会社で、世界をリードするような新技術が生まれていました。

ボストン郊外にある本社の建物は、南北戦争時の織物工場跡を改築したものでした。社内は多くの部屋に分かれていて、自分のいる場所を説明するのに、建物の柱番号が番地として印されており、それで識別されるほど複雑な内部でした。床は板張りでした。

具体的な仕事は、国内の上司に報告を上げますが、海外の同じ部署の担当者と直接仕事を進めることもあり、電話でのミーティングが日本の深夜になることもありました。

時には、自分の仕事が終了すると、新たな仕事を探すために、社内リクルートもしなければなりません。

会社で自分の存在価値を認めてもらうためには、自分自身で考えて、社内でアピールすることが求められます。

コンピューター業界も入社したころは、黎明期であり、毎年売り上げも右肩上がりでしたが、同時に新しい技術が日進月歩で開発され、新たにパーソナル・コンピューター（PC）が主流になってきました。マイクロソフト社が発表したWindows95というPC用オペレーション・ソフトの登場で一気に世界規模で普及を遂げ、それまでの既存業者を凌駕して行きました。

平成10年（１９９８年）には、わが社はそのＰＣメーカーに買収されました。多く知識を学んだ会社でしたが、翌年の１９９９年末に退社をすることにしました。20世紀最後の年で、象徴的な出来事でした。

二度の退社動機は、会社が買収されたことで、自分が目指す仕事をすることが難しくなったことが主な理由です。引き続き仕事をすることになりますが、今度は、外資系金融会社にお世話になりました。この会社では6年間の短い期間を過ごしました。

最初の2社はそれぞれ15年、次の会社で6年と合計36年間の会社員生活でした。

年齢は58歳になっていました。この年齢では再就職は難しいだろう。引退するには早すぎる年齢とは思いつつ、次の就職のことを逡巡していたところに「起業」の相談を持ち込まれました。

「予期せぬ出来事」が舞い込んできたことで、大いに悩みました。このまま無事に会社員としての生活を終了して、隠居生活を始めるか、人生最後の挑戦をするか、まずは独りで熟考しました。

そして、知人の税理士にも相談しましたが、当然の如く止められました。「すべてを失う覚悟はあるのか?」と。

これからの長い老後生活で何もかも失った場合の事を想像すれば、慰留されるのが当然です。

家族や親族からも当然の如く強く止められました。

しかし、人生一度のチャンスであることも間違いありません。

最初の出資金を限度とし、それ以上は家庭に負担をかけないことを条件に、最終的に了承を得ることができました。

事業の内容は、以前仕事をしていたコンピューター会社の製品関連のサービスを提供することに集中しました。市場の規模は大きくありませんが、競合相手が限定的で、大会社が参入しないニッチ市場を対象にしました。

加えて、仕事は景気に左右されない、むしろ不景気の時の方が、需要が増えることが期待されました。顧客は、口コミで少しずつ増えていきました。また、以前の会社の友人からの紹介も得ながら売り上げも着実に増えていきました。

紹介された顧客が大口顧客になり、友人には大いに感謝しております。

社員数を増やす事は費用が増えることであり、極力制限しました。その代わりに、ホームページを有効に利用して、顧客獲得のための効果を出すよう業者も利用しました。その結果、同業数社の業績を比較分析した結果では、一人当たりの売上は、一番でした。

業績も順調に伸びていましたが、70歳を越えるころから、会社の将来の事を考える時間が増えてきました。会社の後継者についてです。私には、後継者がいないため、自分が引退した後を誰に委託すればいいか、という大きな問題です。

「後期高齢者」になる75歳を引退時と決めて、後継問題を調査したり、検討した結果、「M&A」(会社譲渡)がベストであろうとの結論に至り、東京商工会議所内にある「事業承継・引継支援センター」へ相談に行きました。

早速、商工会議所の会員の中から、当社に興味を持つ会社を10社程度紹介いただき、同じ業界の会社を数社に絞り、直接面会をして、交渉条件などを話し合う機会を作っていただきました。

その中から、条件が合致した会社と交渉を繰り返し、最終的に「株式譲渡」の方法で会社を引き受けていただくことにしました。

M&A専門会社の仲介を経ずに、両者間で契約できたため、仲介費用も節約することができました。

会社の引渡しも終わった現在、振り返って思うことは、会社の譲渡はお見合いで相手を選ぶ作業とよく似通っているということです。コロナ前に契約が完了し、２０２1年に完了できました。それが、コロナ蔓延中であればこれほど順調に完了できなかっただろうと、今は安堵しています。

創業から17年間の経営者としての責任を全うして、私の責任はすべて完遂できたと信じています。

これが、私の「家住期」の53年間でした。

「学生期」、「家住期」という人生の前半生の75年間は、戦後の焼け跡から経済成長期、オイル・ショック、リーマン・ショック、パンデミックを経験した人生でしたが、健康で順調な人生でした。

「家住期」が予定より長くなってしまいましたが、経済的にはこれからの「林住期」を生きていくための安心感を得たと思えば、幸いの結果でした。

これまでの75年間の自分の人生を思い出しながら書いてきましたが、自分の記憶の明確な部分と、曖昧になっているところがあることに気づきました。

人間の記憶は、短期記憶と、長期記憶があるそうです。短期記憶は、「ワーキングメモリ」と言って、頭の中で計算をするために一時的に記憶するもの、コンピューターでのメモリー部分に相当するところだと思います。

長期記憶には、年齢が増えると記憶が薄れる「エピソード記憶」があります。「いつ・どこで」という情報を伴う記憶で、今、自分が思い出している記憶そのものです。「林住期」を迎えて、これからは、エピソード記憶をはっきり思い出すために、古い写真をながめたり、友人に会って、昔話をする時間を作ったりすることも楽しみになります。

第三章　「林住期《りんじゅうき》」を知る

75歳からは黄金期・収穫期

仕事から完全に引退して、一日24時間すべてが自分のための毎日が始まりました。75歳になり「林住期」を始めるには遅きに失するかもしれません。すぐに「林住期」の後半に到達して、長年夢見てきた「自由な時間」を取り戻すための作業が始まります。

いざその自由な時間をどう過ごすか、一瞬広大な平原の中にポツンと立たされている錯覚を覚えました。３６０度周りは何も見えません。

「自分はこれからどの方向へ進むのか？」

「その先に自分が求める世界が待っているのか？」

漠然とした希望と同時に、困惑もかすかに感じました。

これまでの人生は、会社がやるべきことを与えてくれた。自分で考えなくても仕事があたえられた。毎年、それを繰り返すことが、これまでの人生だった。

「何をしてもいい」し、「何をしなくてもいい」。それがこれからの自分の人生の方向性だと思うと、楽しみと苦悩が相まって複雑な思いが心に忍んでくるような気分です。

これまでに経験をしたことがないことをこれから実践していくのだから、その思いは当然です。コップに半分ある水を見て、「まだ半分残っている」と思うか、「後、半分しかない」と思うかは心の持ちようです。「人生100年時代」とすれば、残りの時間は四分の一かもしれませんが。

長い間待ち望んだ時が来たのだから、もちろん前者の気持ちの方が大きいです。

「人生100年時代」といわれても、自分に残された時間は限りがあります。人生後半の「下り坂」の途中まで来て、老いが加速していくなか、これからの一日一日が大切な時間です。これまでのように、強制的に与えられ、期限を区切って実行しなければならない縛りはないですが、全ては自分が決めたことをやり遂げていくことが主な生きがいとなります。

「人生の黄金期」を最大に楽しむための条件は、①健康、②お金、そして③孤独に生きること、これが三大要件です。

幸いな事に、私はこれまで大きな病気や怪我をしたことがありません。病院への入院も一度も経験がなく、手術もしたことがありません。ここまで健康でいられたことに、両親に深い感謝しかありません。

後半生の人生を健康に過ごすために、第一に心掛けることは「規則正しい生活」です。周りの人に世話にならず、自分が楽しいことをしていくためには、「健康」が第一です。人間の体内は「サーカディアンリズム」という一日25時間周期の「体内時計」が動いて体調をコントロールしています。朝になると目が覚め、朝日を浴びて昼間は活動し、夜になると眠気を感じ、寝ている間に昼間に起きたことを脳の中で整理して、次の朝を迎えるという、一連のリズムを正しく繰り返すことが健康の秘訣です。

そのためには規則正しい生活習慣を実行しなければなりません。70代になると、体力も見た目も「個人差」が大きくなりますので、自分の身体に合わせて「健康」を慎重に管理することが必要と思います。そのためには、第1にウオーキングなどの適度な運動で足腰を鍛えること。次に、1日7時間の睡眠をとること。そして、食事は腹八分目とする。「健康」が維持できなければ、「黄金期」の時を満喫することはできません。

身体の健康だけでも十分ではありません。次に大事なのが、「脳機能」を正常に維持することです。

人間の脳の中でも前頭葉は、40代から委縮が始まることが報告されています。前頭葉は、運動制御、感情コントロール、判断において重要な役割をしています。年寄りが怒りっぽくなるのは、この前頭葉が委縮することが原因と言われています。感情のコントロールが難しくなるからです。

70代後半の老人になると、約10％がアルツハイマー型認知症になるといわれています。脳内に「ベータ・アミロイド」と呼ばれるタンパク質が蓄積され、委縮することによって発症するといわれています。

一方、高齢になっても、「脳」は成長させることはできるそうです。身体の「健康」を維持するのと同様に、「脳」の成長のためにも睡眠と運動による正しい生活習慣が重要です。そして、毎日を楽しく生きる秘訣は、知らないことを知ろうという明日への「意欲」と、未知への「好奇心」を持つことです。これらの要因が脳への栄養素となるのです。

身体と脳の「健康」を維持することで、「林住期」をワクワクした気持ちで生活していくことがこれからの目標です。「意欲」と「好奇心」がキーワードです。

後半生の人生を楽しむために必要なものは、「老後資金」です。

これまでの会社員時代に積み立てた「厚生年金」の毎月の受取金額を見た時にはショックでした。周りで既に受け取っている友人から聞いた金額は、自分勝手に計算していた金額とあまりにも差が大きかったからです。

年金の納付は、70歳まででしたが、それまでまじめに収めて生きた結果がこれか、と落胆したのは、私だけではないようですが。

そうは言っても仕方ありません。

私の年齢（昭和21年生）では、63歳からフルに年金がもらえる資格はありましたが、75歳まで働いていたので、それまで留保しました。

これから年金を受け取る人たちが、年金という側面から老後への不安を持つのは当然かもしれません。

でも、1カ月おきに受け取る時には少しは悦びを感じることも事実です。

２０２０年からのパンデミックの影響で外出も制限されているため、お金を使う機会がありません。年寄り夫婦が使うお金はそれほど多くないようにも思います。必要経費（食費、ガス・水道費、税金など）と、毎月行くクリニックの医療費くらいが多額の出費で、後は欲しいとき求める書籍類位です。

後、何年間生き続けることができるかわかりませんが、その間、大きな病気をして、手術をしたり、介護が必要になり、介護保険が必要にならないとも限りません。家族に迷惑をかけないで生涯を全うできると信じていますが、神のみぞ知る、という心境です。

最後に一番難しいのが「孤独を楽しむ」ことです。「孤独」は、別の見方をすると「自由」という生き方に通じます。周りの人との同調を気にし、自分の気持ちを抑えて生きることを放棄するためには、「孤独」な生活が必須ではないでしょうか。ただし、「孤独」は「孤立」とは別物です。周囲に多くの人がいても、独りぼっちで誰ともコミュニケーションがとれなければ、それは「孤立」以外の何物でもありません。

三木清は「孤独」について、著書『人生論ノート』のなかで「孤独というのは独居のことではない。独居は孤独の一つの条件に過ぎず、しかもその外的な条件である。むしろひとは孤独を逃れるために独居しさえするのである。隠遁者というものはしばしばかような人である」と語っています。

これまでの人生では、人の期待に合わせ、他者の目を気にして自分の事は二の次でした。それがみんなの幸せであったからでした。みんなの幸せが、自分の喜びでもありました。

そんな世界からは卒業です。

また、三木清が言う「孤独は内にこもることではない。孤独を感じるとき、試みに、自分の手を伸ばして、じっと見つめよ。孤独の感じは急に迫ってくるであろう」、この心境はまだ自分には経験できていませんが。

これからは、自分が世界の中心です。

残り少ない時間を孤独のなかで、自分のためだけに自由に使って生きることで「黄金期」を乗り切ることができると思います。

孤独を半孤独にして楽しむ方法

「林住期」での「孤独」を生きるために最初にすべきことは、「鎧を脱ぐ」ことからです。これまでの50数年間に身に着けてきたものの一つ一つを脱ぎ捨てていくことが俗世間から離脱する第一歩になります。

会社という組織社会の中で獲得した地位や評価などはすべて過去の名利であり、現在の自分には必要のないものです。その時々に必死に努力してきたものも、その場限りの実績です。

起業して現在まで成長してきた会社も他人にゆだねることで、自分の手元から離れました。その時は社会の役に立つ仕事をしているという気概もありました。社員の生活を守ることが自負でもありました。

これらの実績や思い出はすべて過去の遺産です。

めるときです。

「林住期」を生きるためには、これらすべてを脱ぎ捨てて身軽になる必要があります。新たに自分自身の人生を生きる時間を作るためです。なすべきことを中心に生きることを始めるときです。

「孤独は山になく、街にある。一人の人間にあるのではなく、大勢の人間の『間』にあるのである」（三木清著「人生論ノート」）。ここでいう「孤独」は、世間という人々が集まるなかで、自分がいても、誰もが自分に関心を示さず、話す相手もいない、誰も自分を見てくれる人がいない状態を「孤独」と言っています。会社でも学校でも、共通の話題をもって話ができる友人がいないと孤独感にさいなまれます。

「孤独」と「孤立」は違う。自分の周りに誰もいない環境で、一人でいることが「孤独」ではない。多分にその人の主観的な思いが影響しているのではないかと思います。

引退を機会に、まず自分の居場所を確保することを考えて、それまで空き部屋になっていた南向きの明るい子供部屋を自分の隠居部屋に改装しました。

そして、家人との話し合いで、日中はこの部屋で過ごすことの了解を得ました。その間、家人は好きな庭いじり、井戸端会議や買い物と、お互いに干渉しない時間を設けることにしました。とはいえ、時には、買い物の荷物運びで付き合うことに異論はありません。定年退職したら、料理をすることが一つの責務のような言動もありますが、我が家では、基本的には台所に立つことを認めてもらえないために、食事はすべてお任せ、または外食で済ましています。

そのため、一日のうちで顔を合わせるのは朝食時、昼食時そして夕食後の寝るまでの時間となっています。

フルタイムで家にいるようになって半年が過ぎて、それぞれの思いも多少わかるようになってきたので、家にいる時間の過ごし方についてお互いに阿吽の呼吸を習得してきたように感じます。

実際には、一日中「孤独」でいるわけではないので、言ってみれば「半孤独」が適切な表現かもしれません。しかし、一人で自分のための時間を過ごすことは、「楽しい人生」の始まりです。

五木寛之著『孤独のすすめ』では、下り坂の人生で大切な3Kとして、

①健康
②金銭
③孤独

をあげています。また、大橋巨泉著『大橋巨泉「第二の人生」これが正解!』では

①健康
②パートナー
③財政
④趣味

の順で優先順位が決められています。2016年に鬼籍に入られてしまいましたが、一時代を築いた人であり、自分の人生をしっかり生きられたところは、大いに参考となります。

このお二人の考え方からしても、第二の人生で大切なことの第1は、「健康」であることです。「楽しい半孤独」は、健康で周りの人たちに迷惑をかけない「自立した老後」にしなければなりません。次に、「経済的自立」がなければ、楽しい毎日を送ることもかないません。

そして、巨泉さんがあげている「趣味」も「人生100年時代」という長く自由な期間を生きるためには欠かすことのできない項目です。

趣味については、50代から長い時間をかけて収集してきた書籍類を読破していくことが最高の時間の過ごし方となるでしょう。そして、その中から素人として中世の隠遁者（孤独者）の生き方・考え方についてまとめて「考え方」を表現する作業を「生涯学習」のテーマとしていきます。

「人生は『へ』の字だ」と言った老人の話を紹介しました。

「へ」の字の人生の頂上まで一気に登って、それからなだらかに下っていく後半人生をうまく表現した例と感心したしだいです。茂太先生は、「もはや三〇歳を過ぎたら長い下り坂じゃよ」と思われていますが、「人生100年時代」では、早すぎるように思います。せめて40歳くらいが妥当ではないでしょうか。

そこで「へ」の字人生の後半は、なだらかに長く続く坂道をゆっくり、楽しみながら歩んでいくのも又、後半の人生ではないでしょうか。現在の自分の年齢を顧みると、人生の下り坂も半ばを既に過ぎて、歩く速度は一段とゆっくりと自分のペースを守りながら歩いています。

「おまけの人生」と考えれば、これからの一日一日は好きなことを、楽しく、自分がやりたいことだけを選んでやればいいのです。

それが、これからの生きる上での考え方です。

なにも慌てることはありません。「孤独」を意識しながら、周りは気にすることなく、自由に自分自身で決めた速度で、毎日の生活を過ごしていけばいいのです。

「夢」はいくつになっても持つべきものです。「夢のリスト」を作りました。これからそれらを実現していくことが楽しみとなります。前半人生のように、計画した目標を達成することがゴールではありません。

夢を実現するための過程が楽しいのです。最後の夢の実現が達成できても、できなくても十分満足です。一つの夢を追っかける途中で、新たな次の夢がわき起こることもあり、「夢」がどんどん増えていきます。生涯の時間内でそれらのすべてを達成することはできないと思います。

「孤独」といえば、日本中世期の隠遁者ほど、「孤独」を実践した人たちはいません。山林にこもり、粗末な庵に住し、孤独のなかで自然を愛で、真実を探求し、その厳しい生活の中から「わび」と「さび」を文化まで昇華させた人たちです。

その隠遁者の魁《さきがけ》が西行であったことは間違いありません。北面の武士というエリート・コースと、妻と娘を捨てて、隠遁した西行ですが、「僧にも非ず俗にも非ず」という生涯を送ったが、最初のころは、なかなか俗世間を捨てきれなかった。そして

世の中を捨てて捨て得ぬここちして
都離れぬ我が身なりけり

と詠いました。そして

ねがはくは花の下にて春死なん
そのきさらぎの望月のころ

の辞世の句を残して、七十三歳で入滅しました。
隠遁者として、その後に続いて行くのが鴨長明であり、吉田兼好です。この二人は、後に三大随筆の作者と呼ばれる随筆者であり、世俗を逃れて、独り静かに世の無常を感じながら執筆した人物でありました。

ゆく河の流れは、絶えずして、しかも、もとの水にあらず。
よどみに浮かぶ泡は、かつ消え、かつ結びて、久しく留まりたる例《ためし》なし。
世の中にある人と栖《すみか》と、またかくの如し。

これは『方丈記』（鴨長明著）の最初の出だしですが、無常観をこれほど端的に、かつ適確に表現した文章はないのではないでしょうか。作者は、鴨長明です。

それから約百年後に発表された随筆に『徒然草』がありました。作者は、吉田兼好です。双ヶ岡から世間の人間の動静をながめて、それを無常観の眼で観察しながら、簡潔な文章で、愚かな人間を表現した隠遁者でした。

その後、俳聖として松尾芭蕉が現れ、俳句を通じて隠遁者としての道を追求していきました。西行がたどった「歌枕」の足跡をたどった『奥の細道』は、誰もが知っている作品です。

最後は、越後の国上山の五合庵に住み、乞食《こつじき》をし、無一物の生涯を送った良寛です。

ぬす人に取り残されし窓の月

「五合庵へ賊の入りたるあとにて」の詞書がある。良寛さんの唯一の財産だった布団が盗まれてしまったが、まだ窓から見えるお月様が残っているのではないか、という余裕すら感じられる句です。

このように日本の中世時代には、「孤独」を実践して、無常観を感じながら生涯を過ごした偉大な隠遁者がいたことを、現代人は忘れてはならない、と思います。

「効率」（コスパという言葉があるが）ばかりを優先させる現代の風潮を反省して、少しは日本人としての独自の生き方を見直してみる時ではないでしょうか。過去の経済大国だった日本の地盤沈下を嘆くのではなく、少子高齢化の中で、新しい日本の生き方を検討する時期ではないでしょうか。

我われ老人がそれを実現するのもいいかもしれません。時間と多少の余裕がある老人たちが知恵を出し合って、「老人大国」を実現させるのも夢の一つになりはしないでしょうか。

「隠居生活」の心得

最近聞かなくなった言葉のひとつに「隠居」があります。既に死語となっています。経済成長期に入ると、代わって流行してきたのが「ハッピー・リタイアメント」という、アメリカ由来の引退生活です。フロリダ半島のマイアミには、全米から裕福な退職者がその温暖な気候と開かれた解放感で老後の生活をエンジョイする姿が紹介されました。私も十年前に仕事でマイアミの反対側（メキシコ湾側）のクリアウォーターに一週間滞在したことがありますが、老後の生活を送るには最高の場所だとそこで生活する人たちを羨望したことを思い出します。

最初の会社の取引先の一社は、西海岸のオレゴン州・ポートランドにありました。当時は、アメリカで一番住みたい都市として人気がありました。治安も良かったのですが、冬場は雨期の気候で寒いために、老後の生活には向いていませんでした。

取引先の社長は、引退後はマイアミに住居を移して老後を夫婦で過ごすと言っていました。

その家の設計図を見せてくれました。日本式の床の間は、上下移動式にして、ワインクーラーを設置すると、楽しそうに説明をされていたことを思い出します。

ひるがえって我が身のことを考えてみると、75歳で仕事から完全に引退し、これから本格的に「隠居生活」を楽しみながら日々の暮らしを過ごしていくことがこれまで頭の中で描いてきた夢であり、それを現実に実行していくことが残された人生です。

「隠居」を『広辞苑』（新村出編集）で調べてみると、

1 世事を捨てて閑居すること。致仕。

最後の『致仕』とは、

①官職を辞すること。辞任

②70歳の異称。致事

とあります。

70歳は隠居する時であり、閑居して世事を捨てるときであることは間違いないようです。隠居人の楽しみの一つに「道楽」があります。この言葉も死語の範疇に入ります。広辞苑には、（道を解して、自ら楽しむ意から）

①本職以外の趣味などにふけり楽しむこと。また、その趣味

②ものずき。好事

③酒、遊び・ばくちなどにふけること。遊蕩

とあります。

70歳を過ぎた隠居は、道楽などで余生を楽しむことで人生最後の時を過ごし、最高の幸せを享受することができるでしょう。

その苦悩の時期が過ぎた自分のこれからは、「数字」という悪夢に追いかけられることがなくなりました。売り上げ、利益、資金繰りなどから一切縁を切ることができました。これが第一の幸せなことです。

収入が増え、所得が高ければ高いほど幸福度が高くなるか、という調査がありました。結果としては、「800万円以上になっても幸福度は上昇しない」という結果でした。

所得が増えて豊かになっても、幸福度は相対的に高くなり続けない。その豊かさの気持ちは、しばらくすると慣れてきてしまう。そして、さらに高い目標を求めてしまいます。

それが人間の欲望の姿です。

これらは、最近の「行動経済学」で明らかになった、幸福度についてです。我われは、常により多くの所得を求めて働き続けるという行動があるということです。はつかねずみが、格子状の車輪を回し続ける姿を彷彿させる、自分の姿を想像しただけでも、落胆してしまいます。そんな人生には二度と戻りたくありません。

何と言っても最大の喜びは、「不本意な人間関係」からの解放です。入社以来、会社での上下関係、お客様との関係、取引先との関係等、一番神経をすり減らし、精神的に苦労した部分です。これまでは、会社という「縦社会」で苦労したが、これからは、基本的には地域社会や、交友関係という「横社会」の関係となるので、自分の好きな人達だけとの付き合いができることが幸せです。

「すべての悩みは対人関係の課題である」と、心理学者のアドラーは言っています。

そして、一日24時間すべてを自分だけのために費やすことができることが幸せです。社会に出て以来、常に「時間」との闘いでありました。今日やるべきこと、明日までに完成させなければならないことなど、毎日制限時間を意識してきましたが、これからはその「時間」から解放される幸せがあります。

「林住期」の最大のテーマは、「孤独を楽しむ」ことです。自分で決めた「生涯学習」を実行するために、独り時間を有効に使って、研究テーマを探求することが喜びです。世間では独りで家にこもっていることがよくないことのように言われることがありますが、私にとって孤独は「自由」と同義です。『これでおしまい』（篠田桃紅著）には「人生は自らに由れば最後まで自分のものにできる」とあります。

「独来独去無一随者」という仏教の言葉があります。「独り来たり独り去りて一も随う者無し」。意味は、「人生は『一』にはじまり『一』に終わる。生まれたときも一人なら、この世を去るときもまた一人だ。病むときも老いるときも一人だ」。多くの人に囲まれていても、最後は一人で死んでいくことを忘れてはいけないという教えです。

「人生100年時代」と言われても、100歳まで生きることは、まだまだ稀です。限られた時間を、自分のために有効に使うことを考えて、一日一日の時間を有意義に生きていくことが大切ではないでしょうか。

そのために、「隠居」として残された人生を楽しく生きていくための心得を、「隠居心得」としてリストにしてみました。

『隠居心得』

一　隠居は「自由」と「自立」を本分とすべし

二　隠居は「孤独」に生きるべし
三　隠居は「夢」を持つべし
四　隠居は日々を楽しむべし
五　隠居は道楽に徹すべし
六　隠居はよく養生すべし
七　隠居は良き睡眠をとるべし
八　隠居は長寿を喜ぶべし
九　隠居は「死生観」を用意すべし
十　隠居は「玄冬」に向けて用意すべし

それぞれについて、簡単に解説していきます。

一は、「自由」と「自立」を本分とすべし。これからは24時間がまったく自分の時間となります。その時間は、自分で「自由」に、自分の思う通りに使うことができます。但し、「自由」の裏側には、「自立」という責任が伴うことは当然です。一方で、自由に生きていきながら、他方で他人に世話になるような生き方では、隠居としては、認められません。

二は、隠居になった以上は、他人の影を感じながら生きていくことは不本意です。独りで自分が決めた生き方を全うするのが隠居としての人生の在り方です。「孤独」と「孤立」とは違います。時には、人と会うことも必要です。その時は、会って、その時を楽しみます。しかし、「孤独」を貫くことです。

三は、「夢」は何歳になっても持つべきと思います。計画は、達成しなければ意味がありませんが、「夢」は、持つことが大事です。途中で放棄しても、それは忘れればいいだけのことです。しかし、「夢」は、追いかければ追いかけるほど、新しい「夢」が増えてきます。それらの只一つでも達成できれば、幸せです。人生最期の時に、どれだけの「夢」が残っているか、それも楽しみではありませんか。「夢」は、持つべし。

四は、「時間管理」です。「林住期」の今は、一日一日が大切な時間です。「自由」な時間を楽しむためには、時間を無駄にはできません。一つでも多くの「夢」に挑戦するために、限られた時間を有意義に使うことです。

貝原益軒著『養生訓』の巻八「養老」に、「老後は若いときの十倍に相当する早さで日月が過ぎてゆくのだから、一日を十日として、十日を百日とし、一月を一年として喜楽し、むだな日を暮らすようなことがあってはいけない。常に時間を惜しまなければならない」とあります。

五は、隠居の楽しみとして「道楽」を勧めます。趣味が「道楽」というと、隠居の時間を使って、楽しむことであり、そのために自由時間を使って、文字通り「道」を楽しむことです。私の場合は、一つは、「縄文時代・文化の研究」、「日本中世時代の文学」、それと「仏教の教義」が該当します。

六は、身体と、頭脳の健康について、医者任せではなく、自分で「東洋医学」を学びながら、自分の「体」の声を聞きながら健康を維持していくことです。

日々の生活は規則正しく、朝は、朝日を浴びながら一時間のウォーキングをして、身体運動と、頭脳運動を繰り返して、自立した体力を鍛えています。70代に十分鍛えて、80代へと年齢を重ねていくことが自立への道です。

七は、人間の免疫力は、良く眠ることによって蘇る、と言われています。夜は10時に就床して、朝5時に起床することで、一日7時間の睡眠時間を確保しています。今は、目覚し時計をセットしなくても、目が覚めるようになっています。朝、「今日も、新しい朝を迎えることができた」ことを感謝して起床して1日が始まります。

八は、既に「平均健康寿命」を越えた年齢になったことは幸せです。現在は、特に注意しなければならない病気もなく、毎日を楽しく過ごしていることは、大変ありがたいことです。「老後の一日は千金に値する」と言われますが、人の寿命は分かりませんが、最期の日まで、心を静かに、雑事にわずらわされることのないように、用心して過ごします。

九は、「死」は誰もが怖いものです。独りで進んでいかなければならない未知の来世は、誰一人見てきたことがない。誰もが経験したことのない世界は、恐ろしいことに間違いありません。

死んだらどうなるのか、わかりません。だから、自分の「死生観」をしっかり持たなければなりません。自分だけが信じる来世を描くことができるまで、考えて、そのイメージを持ちながら、その時を迎えることで、恐怖から逃れることができると信じています。

最後の十は、残った人のために、自分のこの世での残したこと、ものの整理をしておくことが必要です。自分の思いをそれぞれ、一人一人に伝えておくべきことを、伝えておくことが先に行く人間の責任です。残った人たちが混乱することがないように、文章にして渡しておくことが、自分の人生のきれいな幕引きになります。

「万象は変化して止まないものだ」。諸行無常のこの世の中を、何とか生きて来れたのは、まさしく奇跡と言っても過言ではないと信じています。明日はどうなるかわかりませんが、「今日、ここ」を精一杯生きていくことは、独りの老人としての責務です。

隠居生活は、益々長くなってくることが予想されますが、長くなれば多くの事を知る機会にも恵まれます。新しい世界を見る機会も増えます。悲しむばかりが老後人生ではありません。そのために「隠居心得」を常に唱えながら、「好奇心」と「意欲」を持って長寿を堪能していきます。

コラム▼仏教──「空」と「因縁」

私は日本経済の成長期に社会に出て、日本経済の繁栄を経験したのち、停滞期間をも味わってきました。そして、先の見えない挑戦をして、最終的に企業人として収束することができました。

改めて、その人生を振り返ってみると、仕事をするための背後にあったのは、少しずつの修学で身に着けてきた仏教の「教義」(臨済宗)であったことは間違いありません。一人の社会人として、企業人として活動するための根本的な心のよりどころになったのが、仏教の言葉でした。

特に、会社を起業してからは、会社を経営するための基本理念や、規範を作成するために仏教の教えが役に立ちました。

改めて、「仏教」と真正面から若い社員に言っても、簡単には理解されません。言葉を変えて、わかり易く説明を繰り返しました。

これまで、大きな間違いもなく人生を乗りきることができたのは、仏教の教えを自分なりに、理解し、守ってきたおかげと信じています。

私の仏教の「心の師」は、臨済宗の松原泰道師です。１０１歳まで布教を続けられ、多くの著書があるご老師でした。ご老師様が九十六歳のとき、東京三田の龍源寺にお伺いして、短い時間でしたがお話をさせていただきました。その時、色紙に、ご老師様が提唱されたプラスの３Ｋ「希望・工夫・感動」を直筆いただきました。その色紙は今でも大切に壁にかけています。

多くの著書は、仏教について非常にわかり易く解説されており、私には難しい教義も理解できました。特に、『般若心経』については自分の生き方の指針となるような内容であり、これまで何回も読経しています。

全ての仕事から引退した現在、これからの残された自分の人生を過ごしていくための指針が必要です。

これまでの人生で身に着けてきたこと、背負い込んできた思いなどを引きずって、それに執着していたら、これからの新しい生活には適応できません。一度頭の中をリセットして、からっぽにする必要があると思います。

これまでの自分を壊して、新しい自分を構築すること。これからの自分が生きるための術を見つけることが主要の活動となります。

そのための指針の一つが「仏教」の教えだと思っています。特に、人生最期のときが近づいてくるこれからは、自分の生き方の規範になる部分が大いにあると思いますので、迷った時などには、関連本を紐解きながら、行き先を見つけていきます。

「釈尊は、『この世において、どんな人間にもなしとげられないことが五つある。一つには、老いゆく身でありながら、老いないということ。二つには、病む身でありながら、病まないということ。三つには、死すべき身でありながら、死なないということ。四つには、滅ぶべきものでありながら、滅びないということ。五つには、尽きるものでありながら、尽きないということである。世の常の人々は、この避けがたいことに突き当り、いたずらに苦しみ悩むのであるが、仏の教えを受けた人は、避けがたいことは避けがたいと知るから、このような愚かな悩みを抱くことはない』と仰っています。」

仏教の四苦の教えを厳しく諭している文章です。この世に生を受けて、途中で病気になったりしますが、病気は治すことができる場合はありますが、治らない病気もあります。老いていくことを止めることはできません。時が過ぎていけば、年も重ねていきます。そして最終的には、死という避けることができない人生の最後が待ち受けています。

現在、75歳の自分には、避けることのできない「死」を意識することがこれからの時間を過ごす上での根本的な行動基準になります。「人生100年時代」と言われていますが、100歳まで生きるとしても、残された時間は25年間です（あくまで平均値ですが）。これからさらに老いを重ねながら毎日を生活していくためには、「どう生きればいいのか」、「どのように生きれば、幸せな最期をむかえることができるか」を真剣に考える日々です。

『徒然草』第九十三段、「されば、人、死を憎まば、生を愛すべし。存命の喜び、日々楽しまざらんや」を意識しました。死んでしまったらおしまいだ、生きていることを喜んで、毎日を楽しく過ごすべきである、とのアドバイスです。この歳になると、「一日が長く、一生が短い」と言われるとおり、時間が流れていくのが非常に早く感じるのは、私だけではないようです。

これまでにも、「人生の短さ」については古今東西、いろいろ言われていますが、最近は特に実感します。

仏教のお経の中でも最も知られているのが『般若心経』です。このお経の根本思想は、「空」です

「空」の思想とは存在の原理であります。

それが、「無常」であり、もう一つが「無我」です。

「無常」とは、

「すべては変移する。変わらないものは何もない」（松原泰道著『「般若心経」という生き方』）ということです。誕生してから、死というゴールに向かって、青春の学生期、朱夏の成年期、白秋の老年期、そして玄冬期の晩年と、変化を受容しながら一生を過ごす、この人生の在り方こそ「諸行無常」です。

今の自分は「老い」の時間を受容し、身体的に、精神的に喪失感にさいなまれながら生きています。しかし、一方で私には4人の孫がおります。それぞれの孫たちの成長は、見るたびに目を見張るばかりです。そこには無限の可能性を感じます。この「成長」も前向きの変化です。

前述の本にはこう書かれています。「空」のもう一つの思想である、「無我」とは、「すべては関係性において存在している。個立できるものは何もない」。

これまでの仕事人生で多くの人々との関わりがあって成り立ってきました。どんなに頑張っても一人では何もできません。家族、親族、学生時代の友人、仕事仲間等、これまでの自分が成し遂げてきたことの中には、必ず多くの人々に助けられてきたことを忘れることはできません。今、ここにいることができるのもそれらの人々の助けがあったからです。

　そして、松原泰道師は、「人生論的にいえば、無常ですから、刻々と移り変わっていく。だからいつ滅んでも不思議ではない。それが今ここに生きているということ、これは文字どおり『稀有・有り難いこと』です。ここに感謝の気持ちが出てきます。また無我という観点から見れば、すべての存在はお互いに関わり合って、支え合い、生かし合って存在しているのです。ここに、『おかげさま』というやはり感謝の気持ちが出てきます」と述べられております。

　そして、仏教にはもう一つ重要な根本思想があります。それは、「因縁の法」です。泰道師は、「一切の事象（物事・現象）は、他とのかかわり合いが縁（条件・契機）となって起こる」と述べられています。

　また、この因縁の法は釈尊の言葉として、

「花は咲く縁が集まって咲き、葉は散る縁が集まって散る。ひとり咲き、ひとり散るのではない。縁によって咲き、縁によって散るのであるから、どんなものも、みな移り変わる。ひとりで存在するのも、常にとどまるものもない。すべてのものが縁によって滅びるのは永遠の道理である。だから移り変わり、常にとどまらないということは、天地の間に動くことにないまことの道理であり、これだけは永久に変わらない。雨の降るのも、風の吹くのも、葉の散るのも、すべて縁によって生じ、縁によって滅びるのである」と伝えられております。

我われは、日々何気なく見過ごしている出来事の多くは、自然のなりゆきとして、見ているが、そこには法則が働いていることを知ることも大切であることを示唆してくれています。

そして、これからさらに生きていくかぎり、「苦」から逃れることはできないのであれば、「どう生きればいいのか」を考えなければなりません。そのためには、「比べない」という生き方をすることだと思います。一番大事なことは、人と比べないことです。これまで60年間、70年間を生きて来て、それぞれの結果が現在の自分の姿です。それを今、他人と比べても意味がありません。ひとそれぞれの人生の中で達成してきたものは違っています。金銭的に恵まれている人もいるでしょう。金銭に執着せずに現在の生活に満足している人もいます。

それらの人たちと現在の自分を比べても何の価値もありません。

最近、「老人格差」なる言葉もありますが、長い人生を生きてくれば、それぞれの人生は違いがあって当然です。ないことの方がおかしいでしょう。

大切なのは、「今、ここ」を生きている自分が楽しく生きていれば幸せな人生だということです。

「随所に主となれば、立処皆真なり」という教えがあります。自分がどこにいようが、常に自分の事として発生している問題に対処していけば、それは自分の問題として対処できる、というように解釈して隠居生活の自分の人生を有意義に生きることを心掛けています。

第四章　「林住期《りんじゅうき》」への幕開け

人生劇場の第一幕「学生期」が終了し、第二幕「家住期」も大分時間延長をしてしまいましたが、無事に幕を閉じることができました。

これから第三幕「林住期」の物語を開幕する準備の時を迎えました。

これまでの人生劇場のそれぞれの場面は、戦後の荒廃した時代に誕生以来、誰もが必死に生活をすることだけを目指して生きている時代でした。小学生、中学生時代は勉学と運動に明け暮れ、青春時代を地方の町で無邪気に過ごしました。その後、日本も高度成長期を迎え少しずつ豊かになってきた頃に、多感な高校生時代を過ごしました。

大きな希望と、夢を胸に抱いて横浜の大学に旅立ったことを思い出します。

林住期の台本は自分で書く

大学時代は、自分の将来の基盤を築くために勉学に励み、将来は世界に飛翔することが自分の夢であり、それが親の期待に応えることであると信じて四年間を送りました。「学生期」は、決められた道を、平穏無事に、挫折することもなくすごせた時代でした。

大学まで進学することは当初の筋書きからは大きく外れていましたが、想定以上の人生であり、両親への感謝を生涯忘れません。

第二幕の「家住期」は、波乱万丈の人生でした。「終身雇用制」「年功序列賃金制」の雇用条件が一般的な時代でしたから、最初に入社した会社で、ある程度出世して、定年になったら、めでたく会社生活を終わることが、当然のことと信じていました。

当時の企業寿命は、「30年」と考えられていた時代でしたので、入社した会社で会社人生を無事に働き続けることができると、会社を信じて無心に仕事をしていました。

自分で働いて、給料を得るという楽しさを経験できたことで、「一人前」になれたことを微かに誇りに思っておりました。

これまでの3社での会社員時代を経験し、58歳で起業したことは、人生最大の転機でした。大欲におぼれず、自分の能力を信じて、会社を存続できたことは、人生劇場の第三幕に向けての大きな躍進となりました。

人生劇場の第一、二幕という前人生は、これから迎える第三幕のための蓄積期間でもありました。50代に入って、人生の折り返し点を迎える中で、少しずつ、人生「へ」の字の長い下り坂の準備をすることに思いを寄せるようになりました。

第三幕のための脚本は、自分自身で書き上げることが本筋です。なぜなら、これからの人生は、自分が楽しむための時間でなければならないからです。自分以外、誰がわたしの胸の内を理解してくれるでしょうか、ここからの人生の台本は自分で考えて、自分でストーリーを書き上げるのが脚本家の作業です。

これまでのように他人が作成した脚本で演じてきた己の生き方と完全に決別して、自分のための世界を描くことに全神経を集中しなければ、本当の自分が求めることを見つけ出すことはできません。脚本の神髄は、自分の心の中にあります。

そのストーリーの最終章には、誰にでも訪れる「終焉」があります。

その時期をどれくらいに設定するかは、決められません。「人生100年時代」が本題になっていますから、100歳まで生きるとして、約25年間にどのような物語を描くかが次の課題です。

まず、80歳までの期間を第1場として、「老い」を受け入れるための準備が最初の仕事です。75歳という年齢は十分老齢であり、身体的にも精神的にも衰えは否めない。しかし、それはまだまだ敗北ではありません。

これからまだまだ進化するための能力を備えていると信じています。新しいことへの好奇心や興味を失ったわけではありません。

変化を受け入れる気持ちも十分持ち合わせています。もちろん、日々変化していく世の中に対応する多様性もしかりです。

次には、「孤独」の中で自分を見直し、自分が本当にやりたいことを1つひとつストーリーにして具体化していきます。

隠居生活での心構えは、「健康で八十歳を迎えるために」を生活の中心とします。七十代の毎日は体力的、精神的に若さが残されているところを鍛えておくことが必要です。左記①②は前述した内容と同じになりますが、大切なことなので、今一度記します。

① 規則正しい生活リズムを守る。朝日を浴びるために、日の出時間に合わせて起床をする。

② 朝日を浴びながらウオーキングをする。毎朝歩いていると、顔なじみもできているので、スマイルを忘れずに、朝の挨拶を交わしながら約1時間歩く。

加齢に伴い、筋肉量及び筋力の低下が見られるといいます。体力を維持するためには、歩くことです。歩けなくなることで急激に老化が進んでしまう。それでは、第三幕の人生が寝たきりとなっては、楽しい隠居生活は望めません。筋書き通りの舞台を実現することができません。

隠居生活の最大の楽しみは、長年の夢であった、「生涯学習」の実現です。きっかけは、取引先の社長の一言でした。「日本には、1200年の歴史がある。アメリカは、まだ200年しかない」と。その歴史に対する憧憬を語られたとき、日本人である自分は、日本の歴史を知らない事を恥じ入るばかりでした。

その時、引退したら日本の歴史を学ぼう、と漠然とした夢が芽生えました。その中でも、現在まで続いている日本の「わび」と「さび」の文化を築いた中世時代の隠遁者の生きざまについてでした。

隠遁者の生きざまを学ぶことで、当時の日本人の考えが、現在の自分とどれほどの隔たりか、比べるべくもないとは思うが、知ることは、自分の隠居生活の参考になることは間違いないと思います。

特に興味を持つのが、西行、鴨長明、吉田兼好、松尾芭蕉、そして良寛の五人です。それぞれ、隠遁者として興味がある人物です。

私には、自分で秘かに決めた「心の師」がおります。一人目は、既に101歳で亡くなられた臨済宗の松原泰道師です。仏教を学ぶ上で、私にとって、非常にわかり易い解説をされていることと、宗教の宗派の垣根を超えた「博覧強記」の宗教家です。

もう一人が、令和4年（2022年）8月31日に亡くなられた轡田隆史《くつわだたかふみ》さんです。朝日新聞で8年間「素粒子」を執筆された方で、朝日新聞の記者、論説委員として活躍され、多くの本も執筆されています（令和4年9月7日朝日新聞より）。

轡田さんは、自ら「縄文老人」と自称されているくらい縄文文化に興味を持っておられました。私は、轡田さんの書籍から縄文文化について知り、興味を持ち、私の「生涯学習」の一項目に加えました。

私は、轡田さんの『「考える力」をつける本』3巻＋『もう一度「学ぶ力」をつける本』を愛読書としており、折に触れ、開いております。

そして、「生涯学習」の三番目は、先ほども書きましたが、松原泰道師が執筆された書籍を参考にしながら、「仏教」について学ぶことにしております。

これらの項目を学ぶことで何が得られるか、と問われれば、「何の得にもなりません」と回答するしかありません。それでは何のために、とさらに問われれば、「自分を深めるため、人生を豊かにするため」と答えるでしょう。

そして、人生の締めくくりのときにあたふたしないために、仏教を学び、自分なりの「死生観」を持って静かに旅立つ心構えを持つことです。

それが、隠居生活の最大の目標です。多分、これらの事を、学べば学ぶほど、深みに入り込んでいくように思えます。そして、その途中で我が人生の最終ゴールが来てしまうでしょう。それでも「満足な人生だった」と言えるようになりたい、それが私の人生の脚本の結末です。

隠居生活のストーリーが出来上がりました。次に、それらを閑居の中で実現していくためには、環境が必要です。

ここで私の実践している、近づこうとしている「林住期」の生活を簡単にまとめます。本来は、人里離れた林の中で独りでの生活が理想的ですが。

・家の中に「隠居部屋」を作り隠居生活の舞台とする。
・五十代から集めだした書籍に囲まれる環境を作る。
・音楽を聴きながら、独り瞑想にふける空間を作る。

この3点をまずは実践しております。

隠居部屋は南向きで、晴れた日は一日中日の光が差し込んでいます。冬には、昼間は暖房がいらない位、暖かい中で、集めた本を読破している時が、至福の時です。音楽は、クラッシック、オールディーズ、グループサウンド、フォークソング、青春歌謡など、その時の気分で聞く曲目を変えています。二階から下を見ると、丁度スーパーマーケットの駐車場があり、その先は一面開けて、青空を流れる雲を見ながら、無心で時を過ごすことこそ、老人の特権です。

これまでの競争社会でもまれ続け、少しでも先を目指す生活は、ストレスがたまり、生きる気力を失うこともありました。時間を惜しんで、働くことで精神も病むこともありました。

これまでの情報社会から脱却して、これからは、人間が本来持ち合わせている「五感」を大切にして、自然の中で暮らす生活を心がけ、一日を過ごす。目、耳、鼻、舌、そして体全体で感じる「感覚」を大切にしていきます。

第三幕である「林住期」の登場人物は、基本的には、自分一人です。一人で演じる独り芝居ですが、妻には、時には登場してもらわなければならないこともあると思います。あとは、子供たち、孫たちの血縁関係は時には参加することもあるでしょう。

原則隠居生活ではありますが、数少ない友人にも参加してもらうこともあります。コロナが始まる前まで年一回、5月の連休後に熱海のホテルに集合して、特に話題もなく、学生生活のことや、家族のことなどを一晩喋って、翌日解散するという淡泊な付き合いながら、大切な大学時代の学友（奈良在住のK氏と茅ケ崎のT氏）2人です。

もう一人は、大学の寮時代の親友で、現在でも夫婦ともに付き合いがある新潟出身のM君です。20歳の時は、彼の家に泊まってから、一週間佐渡の二ツ亀でテントを張ってキャンプをしたりして楽しい経験をしました。太平洋側で育った自分にとって、日本海に沈む太陽を見るのははじめてでしたので、感動をしたことが今でも記憶に残っています。

その後、彼とは、お互い切磋琢磨して今日まで濃い付き合いをしています。彼ら夫婦は新潟から熱海に介護付きマンションを購入して、暖かい所で人生を楽しんでいます。

起業時に相談に乗ってもらったばかりでなく、会社を譲渡するときにもお世話になった税理士先生は、友人であり、恩人でもあります。外資系会社で、彼は取締役まで昇進しながら、その先を考えて、仕事以外の時間に受験勉強をされて、見事税理士の資格を取得されました。在職中は、時々、ともに麻雀をしたりしていたので、税理士になるための努力をされていたことを知る人はいなかったのではないでしょうか。お互い下戸でしたので、麻雀が付き合いの中心でした。

第三幕の登場人物は、それ以外にもいますが、できる限り付き合いは制限して、自分の趣味に集中するための時間を多くすることが大切と思います。

第三幕の演出は、自分自身で演じながら、ストーリーの流れを見ながら、必要に応じて変更をしていくことで、舞台は完了することができると期待します。

運命は性格の中にある

仕事の世界から引退して時間ができると思うことは、「これまでの自分の人生」を振り返る機会が多くなることです。

「時間」は、これまで歩んできた過去の自分の人生と、残されたこれからの「時間」では、その捉え方が違ってきます。自分の「記憶」の中にあるのがこれまで自分が生きてきて、経験した思い出の時間です。

58歳の時、勤めていた外資系金融会社を退職することになりました。人生の大きな節目です。「少し早いがこのまま隠退する」という選択肢が頭によぎりました。「この年齢では、新規の就職先を見つけるのは厳しい」と、誰もが考えることです。あと2年あるが、これからは以前から考えていた「林住期」の生活に入ることも選択肢のなかにありました。幸いに、住宅ローンは以前の会社の退職金で完済しており、二人の子供も独立しており金銭的な負担はなくなり、後は自分の人生を年金と、多少の預金で過ごすこともできたからです。

「運命は偶然より必然である。『運命は性格の中にある』と云《い》う言葉はけっして等閑《なおざり》に生まれたものではない」と、芥川龍之介は言っています（『侏儒の言葉・西方の人』）。この言葉に出会って、自分の運命を改めて、見直してみると「58歳の決断」が運命であったと思えるのです。

この話は前述したものと重なりますが、今一度記します。二番目に転職した会社で経験し得た知識、それ以前に自分が時間をかけて経験してきたこと、学んできたこと、すべてがこの決断の礎になっていたことを思い起こします。その決断は、「58歳の起業」でした。二度目の転職をした会社は、外資系コンピューター会社でした。入社したのは昭和59年（１９８４年）で、コンピューター業界の黎明期であり、新しい技術が開発され、業界は日進月歩で成長をしていた時期でした。１９９０年代には、パーソナル・コンピューター（ＰＣ）がマイクロソフト社のWindows95を発表することで一気に市場は拡大していきました。そして、会社や家庭にＰＣが普及していきました。

そのような中でも、工場で稼働しているコンピューターは重要な役割を果たしていました。工場の主装置をコントロールしているコンピューターです。このコンピューターは、工場の中の司令塔であり、このコンピューターが動かないと工場内の装置が動かないほど重要な役割をしています。その重要な役割をしているコンピューターは、5年から7年でメーカーの部品供給や、保守サービスは終了してしまいます。新しい製品を販売するためのの販売戦略です。それで一番困るのは、継続して使用しているユーザーです。メーカーの意向に沿って簡単に交換することができないのがコンピューターです。当時のコンピューターの上で動いている業務用ソフトウエアは、メーカー独自のオペレーション・システム（O／S）で稼働しているため、そのシステムでしか動かすことができないからです。私が勤務していた会社のコンピューターは、主に工場で使用されていたため、故障した際には大変困っている、と言う話を耳にしました。

「これだ！　新規会社のビジネスの商機はここにある」。ニッチ市場だけど十分チャンスはある。競合他社がほとんどない市場でのビジネスは、勝算があり、です。会社規模は、大きくなくても自分がコントロールできる規模の会社であれば、うまくいくはずだ、と信じてスタートを決意しました。もう一つ、わが社の強みは、世の中の景気が悪くなっても、ビジネスがなくならないことです。むしろ、その時期の方が需要は高まるからです。

このように、不安の一つ一つを払拭するなかで、少しずつ、起業の自信も湧いてきました。

起業する際の最大の難関は、家人や親戚関係者の説得でした。友人でありその後の関係者となっていただいた税理士の先生も最初は反対されました。当然です。何回もの話し合いを持ちました。

最終的に、「出資金以上の資金は持ち出さない」ということで説得ができました。この約束は最後まで守ることができました。

会社を運営するために必要な人材は、技術者以外は、基本的には私の担当でした。マネジメントは当然ですが、営業の顧客開拓は、以前の会社関連の人たちへの紹介依頼からユーザーを地道に開拓していきました。その中から、その後の主要顧客になるお客様を紹介いただきました。経理・財務の仕事は、出身高校が商業高校で簿記と珠算は3級でしたから、基本的な経理処理はできました。後は、税理士先生にお願いしました。製品や部品を海外から輸入する商談も経験済で、新規取引先との英語での交渉により開拓できて、多くの貨物を欧米から輸入してきました。為替予約の知識もあったので、少しでも収益に貢献できました。

この「58歳の決断」は、それまで自分が長年の経験や、たゆまぬ日ごろの勉学の積み重ねの結果により実現できたものと信じております。

そして、大きな苦難もなく、17年間事業を全うし、75歳で計画通り、会社を譲渡することで、２０２1年（令和３年）に引退しました。

後継者がいない自分でしたが、会社を廃業することは考えることはできませんでした。これまで会社を信じて取引をしてくれたお客様、一緒に苦楽を共にしてくれた社員達のことを思うと、それはできませんでした。

最終的な最良の方法として選択したのが「M＆A」（合併および買収）を実施することでした。事業継承を相談するために東京商工会議所内にある事業引継ぎ支援センターへ相談に出向きました。

中小企業庁の報告によると、令和7年までに、平均引退年齢である７０歳を超える中小企業・小規模事業者の経営者は約２４５万人、うち約半数の１２７万人が後継者未定と見込まれています。当社もその中の１社でした。

早速センターで対応してくれ、当社に興味のありそうな業者を紹介いただきました。通常なら2、3年かかる商談ですが、幸い興味を持っていただいた会社が3社あり、直接交渉して1社に絞って交渉を継続した結果、最終的に当社の株式全数を譲渡することで契約が締結できました。その間は、わずか1年間という短い期間でした。当社の会社内容、財務内容等、詳細に分析されて決断をされた会社には感謝しております。

これまで実行してきたことが、第三者に正当に評価されたことは、17年間でやってきたことは間違いなかったと確信を得ることができました。

これまでの経験としては、性格は小心者であり、大きな賭けはできませんが、自分のレベルで満足することも、自分らしい生き方だと信じて、生きてきました。

それに加えて「運」が大きな味方になってくれたことを見逃す訳にはいきません。「運も実力のうち」と言いますが、折々、時々に感じる「幸運」の力は生涯感謝しかありません。

日々、学んでいる「仏教」の教義の中心に「因縁の法則」があります。人は「宿命」を背負って誕生します。生まれた親元、自分の性格、身長、能力等です。これらは、どんなに頑張っても変えることはできません。

運動選手などの体力、能力をみれば一目瞭然です。もちろん、彼らの想像を絶する努力があってその実績を達成していることは間違いありません。例えば、現在、大リーグで活躍中の大谷選手と自分を比べてみれば､比較の対象にすらなりません。もちろん､彼の日々の努力はテレビで伝えられていますが、その領域まで、誰もが達することはできません。

そこには、その人の持って生まれた「運命」があります。持って生まれた「宿命」は、変えられませんが、「運命」は変えることができるという、教えです。

その「宿命」に「縁」という要素を加えることで、「運命」は変えることができるということです。例えば、どんぐりの実は、どんなに頑張ってもヒノキになることはできません。しかし、そこに、豊かな土壌と、水、日光等という「縁」が加わることで、立派な樫の木になることはできます。

我われの人生も、それと同じ人生を歩むことはできるのではないでしょうか。生まれた環境を恨むのではなく、それを基礎にして、自分が成長するための「縁」を探して、それを実現することで、独りの人間として人生を全うすることはできると思います。

他人の時間VS自分の時間

会社員として会社に就職するということは、会社へ自分の時間を提供して、仕事の成果を上げて給料を得るという、双務契約です。「就業規則」の下に、一日8時間、週40時間、月約160時間の仕事を遂行することで義務を果たします。そして、年間決まった有給休暇や、夏季休暇などを取得することができますので、年間約1850時間を会社に勤務して、対価として「給料」を得ています。

実際には、記録には残っていませんがそれ以上の時間を会社に奉仕してきたことには間違いありません。

そして、自分の人生の36年間、自分のため、会社のため、家族を養うために働いてきました。会社員時代の生活は、朝は6時頃に起床し、7時30分くらいに家を出て、9時に会社へ到着し、5時30分が終業時間ですが、時間内に帰宅できることはまずありませんでした。

営業を担当していた時には、先ほどのサイクルで終わる事はできませんでした。時には、海外からのお客様が来れば、夜の接待、休日のゴルフ接待、都内観光等、自分で時間をコントロールすることはほぼ不可能でした。

外資系会社では、「フレックスタイム制」だったので、自分で時間管理をすることができました。当時は、管理職として、自分で自分の時間を管理していたので、それなりに融通して時間を有効に使っていました。社内の規則も大事ですが、やはり一番は計画を達成することのプレッシャーが強かった事が、記憶の中から抜けません。

途中で、他社との共同事業を立ち上げるという経験もしました。年齢も中年を迎えて、仕事も充実していました。

会社員時代を通して、やはり「人生の成功」ということに興味を持っていました。自分の能力をどれほど発揮できるか、を自分なりに学んできました。帰宅後は、ほぼ毎夜、「日経新聞」の『私の履歴書』とか、海外の「成功哲学」(ポップ・フィロソフィー)に関する本などを読破していたので、就寝する時間は、毎夜午前1時くらいでした。1日の睡眠時間は、5~6時間でした。それでも、毎日が充実して日中の仕事も集中していました。また、自分の能力を広げるために、当時、ビジネス社会で流行していた「異業種交流会」を主宰したこともありました。

自分の将来について「漠然と計画している人」は、約30%、「具体的に計画を立てている人」15%、そして「その計画を紙に書いて常に持ちあるく人」は3%にすぎない、という報告がありました。

そのわずか3%の人間になって、計画を達成する仲間を作ろう、という趣旨で「3%クラブ」と命名し、会員も50名くらいあつまり、月1回の勉強会や、パーティーや、東京湾クルーズなどを開催しました。

この会を運営するために、仕事時間以外を使って、集客や、報告書、運営方針の作成、毎月の議題作成、などを2~3人で運用してきました。会員には、色々な業界の人たちが参加してくれて、話の内容も充実していました。中には、大学教授になった知人もいて、その方の講義もしていただきました。外国銀行の東京支店長や、企業家なども会を盛り上げてくれました。

約5年間続きましたが、バブル崩壊などで、会は参加者が少しずつ減っていき、最終的には自然消滅となりました。異業種の知識を得ると伴に、知人が増えて、その後の仕事にも役に立ちました。その中でも最も貴重な体験は、多くの人をまとめることでした。会社という制約がなく、「来るもの拒まず、去る者追わず」という方針では、それぞれの考えで参加しているので、それを一つにまとめることは、大変な作業です。それを少し、経験できたことは、その後の、起業のためには大変有意義なことでした。

自分で起業したのちは、自分の時間と会社の時間は、全く区別ができませんでした。寝ても覚めても「会社のこと」ばかりが頭から離れませんでしたから、プライベート時間は、必要最低限しかありませんでした。その間、家族のことを顧みることもほぼ、できませんでした。「会社を潰さないよう」と、必死でしたから仕方ありませんでした。

設立後10年くらいが経過してやっと余裕を持つことができるようになりました。財務的に正常に運営することができるようになりました。やっと、一人前の給与を得ることができるようになり、家族にも喜びの一部を分け与えることができるようになり、一安心することができました。

これまで、会社員、経営者時代は、残念ながら「自分のための時間」を持つことがほとんどできませんでした。家族も独身から、配偶者と子ども二人となり、生活を維持するために働かなければなりませんでした。

会社という縦社会で働く限りは、自分の時間という概念を自分個人で何とかしようとすることは、不可能です。組織を乱すことにもなります。けっして許されることではありません。

それが会社員としての本質です。これまでの人生の時間は、「他人のための時間」でした。会社を引退して、その時間から解放されました。

これまでの前半生での時間の捉え方は、3～5年くらい先を見据えながら、自分の将来のこと、家族のこと、仕事のことなどを計画してきました。まだまだ先が長い、という時間感覚だったと思います。

「ジャネーの法則」を知りました。19世紀のフランスの哲学者ポール・ジャネーが発案しました。

「主観的に記憶される年月の長さは年少者にはより長く、年長者にはより短く評価される」という現象を心理学的に解説したものです。

若い時に比べて、年を取って行くと時間の捉え方が、早く感じることは間違いないようです。それに、年を取るということは、多くの経験をすることで、人生に対する新鮮味が少なくなり、時間が過ぎる感覚がはやくなるのだと納得しています。

隠居生活に入った現在は、当然に時間が過ぎるペースが速まっていることを実感しています。人生の後半生に達して、先が何となく見えてくると、特に時間が大切に感じるようになるのは自然の成り行きです。

「人生１００年時代」とは言え、自分の寿命がいつまで続くかは、神のみぞ知るとしかいえません。幸いに１００歳まで生きたとして、残り25年という限定された時間をどのように使うか。その答えは「林住期」をより良く過ごすことにあると思います。

先に述べたように、「何歳まで生きるか」という未確定なことを考えるよりも、「今日、ここ」を生きることを確かに実行していくことが、無駄に時間を過ごすことを避ける方法だと思います。

そして、隠居生活の基本である「孤独」を楽しむことで自分の時間を自由に使うことができます。これまで自分以外のために自分の時間を使ってきたが、これからは、やりたいことをやり、やりたくないことはしない。自分が納得できることだけすることで、こころの満足も高まるはずだ。

これから「喜寿」の77歳を迎え、80歳を迎える頃には、どんなに頑張っても体力は衰えていくことは自然の姿であり、「老い」を素直に受け入れていくことだと考えます。そのために、今できることをしっかり準備することも大切だと考えます。

まずは、隠居生活を生きる老人としての「心得」を一つ一つしっかり守っていくことが必要と思います。他人から押し付けられたり、これまでの規律を原則とした生き方ではない、自分自身のための規範ですから、自分が守っていかなければなりません。

若いころは、全く知りませんでした。そのため、無茶な生活を繰り返してきたのです。知らないということは恐ろしいことです。

時間にまかせて「知らないこと」を学んでいくと、この年齢になって、知らなかったことが「もったいない」と思うことが、どんどん増えてきます。ソクラテスの「無知の知」を実感して、恥じ入るばかりです。

今からでも遅くはありません。学ぶことの喜びを、改めて実感することに遠慮などはいりません。そのための時間は、十分にあります。

75歳にして「知らなかったこと」「無駄に知っていたこと」など、年齢を重ねてきて、これまで蓄積してきたことを、今一度、洗いざらい見直すことも大切です。

「捨てること」の大切さの例として、こんな話があります。

お客が来て、湯飲みにお茶を入れて出すために、主人がお茶をあふれ出しても注ぎ続けるのを見て、お客が、「あふれていますよ」というと、その主人は、「今のあなたの頭のなかは、此の湯飲みの状態と一緒です」と言われました。

何を諭しているのか。「頭一杯に知識だけを詰め込んだあなたに、新しいことを諭しても、頭に入らない」ということです。時には、頭を空にして、これまでの無駄な知識を捨てることも必要だ、ということではないでしょうか。

これまでの、会社の規模拡大、成長、利益重視などのための知識、競争に勝つための知識、世界経済の変化などの知識は、これからの自分の人生には必要のない知識です。これらは、全て一度忘却します。参考図書類も破棄して、これから、「生老病死」の世界を生きて行くための知識を習得するほうが、自分自身のためです。

限られた人生での時間の使い方は大変重要なことです。そして、それは誰も教えてくれません。自分自身のための時間の過ごし方は、自分自身で見つけなければならないでしょう。

自分に向き合って、自分と話し合うためには、「孤独」であることです。

過去に学んだことの中には、忘れてはならないことも含まれています。それを思い出して、学び直すことも、学ぶことの一つです。

そのなかで大切だと思うのは、「自分の潜在能力」についてです。

「人間の能力には、顕在能力と、潜在能力があり、我われの潜在能力の内、実際に使用しているのは僅か10％くらいで、残りの90％は、眠ったままの能力だ」といわれています。ゆっくりと、自分自身と向きあってみると、このように忘れていた知識を思い出すこともあります。人間の能力は年齢に関係なく、使うことによって十分発揮することもあるはずです。それを探して使ってみるのも老人のパワーとなります。

自己本位の人生

ここまでで人生の旅の4分の3程度が終了しました。

初めは、戦後の混乱期に学生時代を過ごし、「もはや戦後ではない」と経済白書で発表された30年代に青春時代を経験しました。青春の真っただ中で、将来の悩みや、不安など一切なく、ただ、若いエネルギーを全身で燃焼させていた時代でした。

昭和40年代からは、親元を離れ、田舎から都会へと視野が広がるにつれて、自分の行動範囲が広がっていきました。日本各地から集まってきた友達に接することで、いろいろの考えを持った人間が世の中にはいることを知りました。自分の持っている知識の狭さに驚くことばかりでした。

学生時代の4年間は、その後の自分の思考の基礎を築く時間にとって有意義でした。この時代に知り合い、語り合った友人は、今でも連絡を取り合う気心が知れた仲間です。

卒業後は、行く道はそれぞれ違っていても、直接会うことができなくても、心の中では、常に意識しており、何かある時には思い出すような存在です。

定年退職時期はそれぞれの事情で違っていて、60歳で定年を迎えた友、65歳で退職した友からは、「早く仕事を辞めて、人生を楽しめ」と促されもしましたが、75歳になって、自分もやっと仲間入りすることができました。

卒業して、社会に旅立つ業界、会社はそれぞれ違っていました。海外に駐在し、日本を背負って商売に明け暮れた後、帰国後定年を迎えた友がいたり、全国の地方回りをして、全国の名産品を楽しんだりした友などは、一つの会社で定年まで働き続けました。

中には、就職して2、3年後に自分には向いてないと早々に退職し、自分にむいた道を探りながら、今でも現役で頑張っている友もいます。

これまでの自分の人生を振り返ると、自分の場合は波乱の人生であったと思います。2回の転職は、自分の意思に反して会社事情が原因でした。3回目の転職は請われていった会社であり、長続きはしませんでした。

会社員時代は、自分自身が生きていくため、家族を養うため、という大義で働いてきました。そのためには、自分にとって不本意な仕事もしなければなりませんでした。家庭を後回しにして働かなければなりませんでした。何よりも自分の大切な時間を提供して、会社に忠誠を尽くさなければなりませんでした。

それは、起業して己で会社を回している時でも同じでした。むしろ責任が重いだけに、その重圧は会社員時代よりも大きかったような気がします。

それもすべてが過去のものとして振り返ってみると、確かに良く頑張ってきたと思います。全身ストレスで満身創痍の時もありました。家庭を顧みなかった無力感に襲われたこともありました。

その気持ちを持ち続けた背景には、常に「自分がやらなかったら」という強い思いがあったからだと思います。自分がこれをやらなければ、会社は動かなくなる、という勘違いの思いがあったことは間違いありません。その考えは、誰もが持っている「責任感」ではないでしょうか。だから会社を休めない、という意識が働いていたのではないかと、今は思えます。

特に、戦後の高度成長時代のサラリーマンは、「働き蜂」の典型でした。それを誇りにしていたこともありました。「24時間働けますか」というコマーシャルもありました。

会社は、常に考えています。この人がいなくなったら代わりを準備しておけば大丈夫。変わりは常に用意している。冷静に考えればそのために自分もそのように、会社から言われてきていたはずです。

自分だけは違う。という勘違いを自覚できなかったことを大いに反省しています。自分に代わる駒はいくらでも用意できます。それでなければ会社は動きませんから。

しかし、人生の第三幕での主人公の自分の存在は、「かけがえのない人生」です。「掛替え」は、かわりとして用いるもの（『広辞苑』）とあります。したがって、「掛替えのない人生」とは、「かわりとして用いることができない人生」という意味になります。

つまり、これからの自分の人生は、自分以外に掛替えることができないということです。自分の人生を、自分以外の誰かに掛替わってもらうことができません。

これから始まる人生劇場の第3幕は、「かけがえのない人生」であり、自分自身の、自分自身による、自分自身のための人生にしなければなりません。

それは、自分自身で考え生き方を全うすることです。24時間をすべて自分が楽しむため自由に好きなように過ごす時間です。

そして、同時に、第三幕ではもう一つ頭の片隅に意識しておかなければならないことがあります。「人生の最期」を迎えるための準備をすることです。

75歳でやっと掴んだ「自由」を楽しむには遅すぎると考えるか、まだ十分時間はある、と考えるかは、自分の人生哲学に由ります。わたしは、後者を選択します。

また、自由に生きるためには、「孤独」でなければなりません。「孤独」の一段上の状態を「孤高」といいます。「ひとりはなれて高い境地にいたること。ひとり超然としていること」（『広辞苑』）。その境地を目指すのもいいかもしれません。

「孤高」で思い出すのが『かもめのジョナサン』（リチャード・バック著、五木寛之訳）です。

「ほとんどのカモメは、どうやって岸から食物のあるところまでたどりつき、さらにまた岸へ戻って来るか、それさえ判れば充分なのだ。すべてのカモメにとって重要なのは飛ぶことではなく、食べることだった。しかし、ジョナサンにとって重要なのは、食べることよりも飛ぶことそれ自体だった。そのため、群れから離れてひとり、飛ぶことの練習を繰り返し、独り練習を繰り返していたが、仲間から追放された。流刑の地でも更なる高みを求めて高度の飛行を目指して練習に励んだ。

そして、飛行の限界を突破して、やがてジョナサンは、カモメの一生があんなに短いのは、退屈と、恐怖と、怒りのせいだということを発見した。その三つのものが彼の心から消えうせてしまったのち、彼は素晴らしい生涯を送ることになった」

その後の話は省略しますが、ジョナサン・リビングストーンは、孤高の境地に達し、その後仲間たちも若いカモメを中心に彼の飛行をまねて飛ぶようになり、彼は神格化されていき、最後は偶像化されてしまいました。

孤独のなかでも自分を信じて、最後まで自分の考えを貫くことの大切さを教えてくれています。

私も、「孤高」ではなくても、「孤独」に徹して、自分が目指すことを実行していこうと思います。

「孤独」であることは、自分自身の心と向き合う時間が増えるので、これまでの自分の思考の中心になっていた考えは何だったのか、自分が望んでいたものなのか、世間の常識に従って動いてきたのではないのか、を自分自身に問い直す機会でもあります。

周囲の意見に合わせていれば、楽ができるし、批判もされないからと「同調圧力」に負けていたように思います。自分の立場を守るために、簡単に同調していたところは否定できません。

これでは自分の存在がないがしろにされています。自分のオリジナリティや優位性ではなく、周りからの成功賞賛を求めて、自分の個性、強みは発揮されず、決して幸福ではありませんでしたが、それに満足していたのでした。

「成功」は、人生の目的ではないはずです。求めるものは、自分の「幸せ」です。自分で納得して、自分自身で主観的に感じるものが「幸せ」です。それが人生の最終ゴールです。「孤独」は、定年後の人生にとって、精神的・肉体的な衰えを心配して、家族や地域の人たちと趣味を楽しむことを勧めています。確かに、健康面から言ってもよいのかもしれませんが、それは「孤独感」であって、本来の「孤独」と区別することも必要でしょう。独りで一日を過ごすことが好きな人もいるはずです。私のように、独りでやりたいことがいっぱいある人間にとっては大きなお世話でしかありません。健康を維持する方法は、色々あります。

趣味を持つことが、ADL（＝日常生活動作　Activities of Daily Living）やIADL（＝手段的日常生活動作　Instrumental　Activities of Daily Living）の低下を防ぎ、健康寿命を延ばすとのことです。

諸縁放下

長年にわたり身に着けてきた鎧を脱ぎ去ることで過去とのつながりを断ち切り「諸縁を放下する」時が来ました。

『徒然草』の第百十二段の中で吉田兼好も、「諸縁」とは、「生活・人事・技能・学問等」と具体的に記述していますが、現代の我われの生活に当てはめると、「会社・家族・人間関係・成功・幸福等」となるのではないでしょうか。

30年間のサラリーマン時代は、縦社会の会社組織のなかで、不本意なことも「仕事だから」との言い訳でしなければなりませんでした。その中でも一番の後悔は、長女が生まれた時に、毎日残業続きで、1週間誕生した娘の顔を見ることができなかったことです。

それに加えて、父親が亡くなったときには、仕事で海外出張中で、父親の最期をみとることができなかったことです。ボストンの宿泊していたホテルに会社から電話連絡があり、翌日の飛行機で急ぎ帰国し、そのまま、一睡もせず自宅から運転して実家に帰りました。何とか父親に会うことができましたが、既に冷たくなって、手足が重く感じました。それは、おのれの親に対する気持ちがそう感じたのかもしれません。

会社生活で精神的に一番の負担となったことは、「常に競争状態の中」にあって、人と比較して、追い越したり、追い越されたりして精神を擦り減らしていたことです。「成功」することが「勝つこと」と自分の中で決めていたことが、その理由でした。当時のサラリーマンの成功とは、郊外に庭付きの一軒家を持ち、自家用車を購入し、週末にはドライブする。家には、カラーテレビ、クーラーがある生活をすることでした。これを、「新三種の神器」と呼んでいた時期もありました。

しかし、三木清が著わした『人生論ノート』の中にある「成功について」には、「幸福が存在に関わるのに反して、成功は過程に関わっている」とあります。「成功」したと思っていることも、「過程」であり、終わりのない競争を継続することです。「成功」は、人生の目標にはならないということです。

我われは社会に出て目指した目標は、「成功」でした。会社生活での成功とは、出世して、会社組織の頂点にのぼり、会社を思い通りに動かし、人々から羨望される存在になることでした。そのためには、人を蹴落とし、時には、いやな仕事も引き受けなければ会社の意向に沿うことはできませんでした。それでも「出世」のためにはそれを飲み込むこともやむをえませんでした。

サラリーマン人生で経験してきた一連の出来事はいずれも自分が思ったり、希望したりしたことではありません。「会社都合」を優先され、「自己都合」は後回しの人生でした。

会社を退職してこれらの「社縁」からの解放は何にもまして、爽快でした。

人生劇場の第三幕ですべきことのひとつは、「諸縁放下」で、なるべく最初に行っておきたいことです。

これまでの人生で、自分が追い求めてきたものを拾い上げてみると、いかにむなしいものばかりであったと思わざるを得ません。

社会的な見栄や、世間体、余計な人間関係、必要以上のお金など、数え上げればきりがありません。他人からどう思われるかなどは、今の自分にとっては、何も役にも立ちません。人間関係にしても、結局は自分の仕事のために役立つ付き合いを求めて、無用に名刺集めをしていたにすぎません。社内で出世競争を繰り返して、自分が浪費した時間は空しいものでした。

所詮、後になって振り返ってみると人生の「成功」を求めていたのです。終わりのない競争を繰り返して、自分の大切な時間を浪費していたのです。

それも引退を機にすべてを捨て去る決意をして、これから残された一日一日を無駄にすることなく後悔のないような人生にしていくことを目指します。

人生は「苦」である、とお釈迦様は悟りました。そして「死のほんとうの原因は、生まれたそのことにあるのだ」と言われています。

四苦─生老病死は人間が避けて通ることのできない苦です。

人生は生と死の間で、老いがあり、病にもなることがあります。今は、「へ」の字の人生の長い下り坂をゆっくりと下っている「老い」の中にあります。諸縁を放下して、これからは自分を見つめながら、自分自身を拠り所にして、自分のための毎日を過ごすことをめざして一日を過ごしていきます。

自分自身を拠り所にするための心得の一つである「死生観」をしっかり持つことです。

我が心の師である松原泰道師は言っています。

「死の問題を解決するとは、死を恐れる心の解決です。死を恐れる心の解決が死の解決です」（松原泰道著『人は必ず死ぬ』）

そして、「生死は、紙の表裏のようなもので、ここまでが生で、ここからが死という截《せつ》然《ぜん》たる区別はなく、生きつつあるということは、結局死につつあるということだということ。そのところをハッキリと納得できれば、自然に自分の死生観が生まれます」と解説されています。

人はなぜ死を恐れるのかといえば、誰もが死後の世界を知らないからです。未知への恐怖は簡単に拭い去ることはできません。「あの世はとてもいいところらしい。一人として戻ってきた人がいないから」という冗談ともつかない笑い話もあるくらいです。

確率100％の「死」をまじめに考えることは、その裏側にある「生」を充実させることが大切ということです。「人生100年時代」と言われて、長生きを賞賛する傾向がありますが、健康に長生きすることも大切ですが、長生きが幸せと言えるでしょうか。

これがプロローグで書いた麦わら帽子の少年の問いに対する答えとなります。

「いつまでも生きていたいと思うなら、千年生きても、一夜の夢のようなにあっけなく感じることだろう。第一、いずれ去らなければならないこの世にしがみついて、醜い老年を迎えても、それが何になるだろう。長生きするとそれだけ恥も多い。長くても四十未満くらいで死ぬのが無難というものだ」（『徒然草』第七段）と吉田兼好は喝破しています。

本人は、70歳近くまで生きておいて、40歳までには死んだほうがいい、とは当時の平均寿命を参考にして、言っているのでしょうか。

老人は、いつの時代にも醜い姿とみなされて嫌われる存在だったようです。そして、羞恥心もなくなり、子孫の行末を見届けるまで長生きすることを願って、只、欲望だけを持ち続けて、人間らしさを失っていくのは、情けないことでもあります。

ここでも人の寿命について指摘していますが、生物学的には、人間の自然寿命は38歳であり、平均寿命は40歳くらいですが、百歳まで長生きする現代人は、長生きし過ぎで、醜い老人となるのでしょうか。

「改正高年齢者雇用安定法」により70歳まで働かなければ、生活ができない世の中になってきています。現在でも70代の約45％がなんらかの仕事をしている、という報告もあります。平均寿命が81歳で70代まで働かなければ生きていけない現在の老人たちは幸せなのでしょうか。

現実には、65歳以上の老人が全人口に占める割合（高齢化率）は、29・1％になっています。高齢人口に占める就業者の割合は、25・1％、65歳～69歳では、実に50・3％の老人が何らかの理由で働いています〈参照：２０２２年〈令和４年〉９月19日、朝日新聞朝刊〉。

「核家族化」が進み、独居生活者が多くなり、「孤独死」が増えているのも事実です。

「孤独」が悪いわけではありませんが、世の中は、「格差社会」が進んでいます。これから長生きする老人たちは、「自立」しなければ生きていけません。公的年金や、介護保険も当てになりません。長生きするためには自力で生きていく覚悟が必要です。

世間では「健康で長生きするため」の解説本が氾濫しています。多くの専門医が書籍を発刊しています。百歳までボケないで、他人の世話にならずに生活するための解説をされています。

百歳に到達したり、それに近づきつつある有名人がご自分の体験や考えを執筆されていますが、ほとんどが女性です。現在の平均寿命を見ると仕方のないことですが。

全国の100歳以上の人は、2022年（令和4年）9月15日時点で9万526人となり、初めて9万人を越えました。内訳は、女性8万161人で全体の約89％です。断然女性の方が長生きです。

毎年100歳以上の老人が増えていくことは喜ばしいことですが、問題は、そのうち健康で自立している人の割合がどの程度か、ということです。ベッドで寝た状態で、日常の生活を他人に世話になっていては、ほんとに幸せな長寿と言えません。

もちろん、寝たきりで長生きを望んでいるわけではないと思います。しかし、簡単に死ぬこともできません。死を選ぶことができない現在の社会では、「自助」「自力」で「自立」した生活をするために、定年後から、準備をしていかなければなりません。

毎日の生活の中で、さまざまなことに気を取られていると、あっという間に時間が過ぎてしまいます。大切なことは、「今、ここ」のことに全力（全心）を集中することです。

その気持ちを忘れないために、私は自分の机の前に5分の砂時計を置いて、時々、その砂が落ちるところを眺めて、自分の時間が確実に過ぎていることを戒めています。

私の砂時計の残りの量は、全体の3割弱程度までになっています。それでも、砂が完全に下に落ちるまで、自分が目標としたことをやり続けます。

一つの技術をマスターしようとおもったら、一日3時間を10年間続けると1万時間になります。それだけの時間を費やせば、その分野で一流の域に到達することができるそうです。たとえ、現在の年齢（75歳）でも、それに挑戦するだけの価値のあることを発見して、実行していきたいと考えています。たとえそれが途中で終焉となっても、満足できるはずです。何よりも、挑戦し続けることが大切ですから。

第五章　人生の四苦―生老病死

ここまで私の人生を綴ってきました。そして今、まさに実感しているのが、「隠居生活は、スローライフで生き抜く」ということです。第五章では、スローライフを行う上での考え方を記します。

スローライフは、世の中のテンポに合わせる必要はありません。自分が決めたリズムでゆっくり人生をたのしむことができればいいのです。自分が興味や関心がある知識をえて、探求することが、一番の幸せです。

生活するために必要なものは、衣・食・住ですが、この年齢になると、衣服は特に新調することもなくなりますから、できる限りこれまでのものを清潔に着ることで問題はありません。住まいも、築35年以上経っていますが、快適な環境を維持しておりますので老後の生活をする上で不足はありません。残るは、食事については、毎日3食のことであり、老後の体力と頭脳を正常に維持するための食事に気を使いながら、時には、堪能できる食事もとりながら、残りの人生を楽しむことを考えていくこと以外は望むべきものはありません。

これまで過ごしてきた環境から抜け出したことを実感するために、従来の生活テンポを捨てて、自分で設定したライフスタイルを築いていくことが、自分に合った時間の過ごし方であると思います。

誕生以来75年間を特別大病することもなく、大きな怪我をすることもなく、無事に過ごして来れたことは奇跡であり、感謝以外に思うことはありません。

自分の意思でこの世に生まれてきたわけでなく、「何のためにこの世に生まれてきたのか」、思えば思うほど不思議なことです。今更、誕生してきたことに対して自分の思いを吐露しても始まりませんが、自由時間ができた今、改めてそれを考えてみることも、意味があるのかもしれません。

両親の下に生まれた自分は、周りの人たちの大きな期待を負って誕生したはずです。期待通りの人生かどうかはわかりません。現在の自分自身は、馬齢を重ねてきただけ、との思いは拭えません。

人としてこの世に誕生した以上、「四苦」―生・老・病・死―を生涯かけて背負っていかなければならない定め、とお釈迦様は諭しています。人の一生は、「生」と「死」を挟んで、その間に病と老いを経験して生涯を終わるように設定されていると言われています。大人になって今更、学ばなくても、誰もが常識として「四苦八苦」という言葉は知っていると思います。なまじ「仏教」のうわ面を学んだために、少し多くの知識を持ってしまいました。「知ること」は、知識が増えるが、それによって苦悩することも増えることもあります。

人が生きていくことは「苦」であるとはどういうことか、これまで生きてきた時間を振り返ってみると、確かにほとんどの時間は苦労の中にあったように思えます。その間に、たまに楽しかった思い出が潜んでいるような人生でもありました。

それでもほとんどの人は、その「苦」を感じながら人生を全うしているのです。しかし、その「苦」に耐え切れずに自死する人がいることは事実です。自死する理由はいろいろありますが、年間3万人弱の方々が自分の人生に見切りをつけるのは残念です。

それでは、どうして生まれてきたのでしょう。

「人生には目的はあるか」という問題に対して、五木寛之氏は、著書『人生の目的』の中で「人生に目的はない」と結論を出されています。私も考えました。「人生に目的はあるか」と問われれば、その状況、環境に置かれたときに、その時に応じた目的を考えて持てばいいのではないか、と考えます。一生を通しての目的は、単純に「生きていくこと」でいいと考えました。

「生きること」が目的でも、多細胞生物である人間として生まれてきた我々は、死ぬことが定められています。我われの身体は約70兆個の細胞でできています。その細胞には遺伝子が内包されており、その遺伝子の先端にはテロメアという物質があります。細胞は、生涯に約50回の細胞分裂を起こし、新しく生まれ変わっています。その約50回の細胞分裂の際に、少しずつテロメアが短縮し、約50回で消滅すると細胞は分裂しなくなり老化細胞となります（「ヘイフリック限界」と言うのだそうです）。

自分の身体の中で何が起こっているかがわかる事だけでもこの宇宙の神秘を実感できます。そして700万年前にチンパンジーと分岐し、直立2足歩行を獲得した人類の頭脳が発達して言葉を持つようになりました。

人とチンパンジーのDNAは98・8％は同じで、僅か1・2％が現在の両者の違いです。また、人とチンパンジーの違いの原因は、チンパンジーはそれまでの樹上の生活環境をそのまま受入れましたが、人間は、その環境を見限って地上に下りて、危険な環境を受け入れました。それが両者の相違とも言われています。

ホモ・サピエンスはアフリカの地で誕生し、それから地殻変動に合わせて、地球上の各地へ拡散し、その最も東の地である日本へ到達したのが、我われ日本人の祖先です。したがって、我われの祖先は、最も遠隔地まで旅して定住した冒険心に富むホモ・サピエンスと言えるのではないでしょうか。

言葉を獲得した人類は、虚構を考え出す能力も手に入れました。目の前にないことでも、頭で考えたことを、文字を使って表し、多くの人に伝えるコミュニケーションをも可能になりました。そして、現実にない架空の事を創り出すこともできるようになりました。

それが、人間の「苦」につながっているのです。実際にもないことを空想したり、想像することで悩んだり、苦しんだりしています。１・２％の違いのチンパンジーは、目の前に起こっていることしか考えませんから、人間よりも幸せかもしれません。

だから人間の「苦」を少しでも和らげるためには、過ぎてしまった過去の事や、まだ起こっていない明日の事を考えるのではなく、「今日、ここ」の出来事に全力で対処していくことが、最善の生き方であると信じます。

現在２０２１年（令和３年）の「平均寿命」は、男性：81・47歳、女性：87・57歳です。それに対し「健康寿命」は、２０１６年現在ですが男性：72・68歳、女性75・38歳と「健康格差」が発生しています。「健康寿命」とは、「日常的・継続的な医療・介護に依存しないで、自分の心身で生命維持し、自立した生活ができる生存期間」、と定義されています。

このデータからわかることは、人生の最後の10年間は病院で寝た切りだったり、他人からの介護を受けた状態である、ということです。人としての尊厳を維持して健康で生活している状態ではないことは悲しいことです。

「人生１００年時代」と言われていますが、数字だけでは健康で長寿社会を実現できることは期待できません。平均寿命だけが延びても、老人医療や、介護医療の負担だけが増える世の中になるばかりです。

２０２５年問題を近々に控えて、後期高齢者の一人として、「自立」した老人を目指すことを心掛けることを肝に命じする必要がありそうです。

生物学者の池田清彦先生は著作の中で、「寿命に関係する遺伝子の発現をコントロールしている領域のＤＮＡ（デオキシリボ核酸）のメチル化の度合いを調べれば、動物の自然寿命を推定することができる」、そして「人の生物としての寿命は38歳。だから40歳を過ぎたら上手に楽しく生きよう」（『40歳からは自由に生きる』）と著わしています。

生物学者の先生が言われていることですから、間違いはないでしょう。我われの平均寿命は、生物としての自然寿命の2倍以上を生きているわけですから、健康寿命は75歳位が限界かもしれません。いくら、食糧事情や、医療体制が進んでも、生物であればそれ以上望むべくもないかもしれません。

40歳以上は「おまけ」の人生と考えれば、自分で好きなように生きることもできます。

そう考えると、せめてこれからの人生は、「苦」を忘れて自由に楽しく、自分で決めた人生を生きていくための勇気を持って思う存分に生きて行くことが「人生を全うする」ことになるのではないでしょうか。

人間には未来を見通す能力があることを述べましたが、そのため、我われ人間の未来には「死」が待っていることが分かっています。その「死」を避けられないことの不安と恐怖が「苦」である一方、生命の終焉があるからこそ、生きることの大切さを感じることができるのです。禅宗の言葉に「生死一如」があります。生と死は紙の表裏一体であり、切り離すことができないことを教えています。

「我われの人生が面白いのは、いつか死ぬことを知っているからであり、もし命が無限のものならば、一日の楽しみや悲しみの積み重ねも底なしの無限の中に埋もれてしまいます。有限の命であればこそ、そして、そのことを知っていて、そのことを恐怖するからこそ、今日、楽しくすごしたことが、意義のあるものとなるのだと思います」

池田先生は、著書の最後にそのように締めくくっています。

生きるという「苦」は、人生を通じて一生付きまとわって存在しているものですが、それでも、人生には楽しさが宿っていることも確かです。限りある「生」を楽しむことが隠居生活心得の一項目です。

老いを生きる

昭和21年（1946年）生まれ、現在75歳。まぎれもなく「後期高齢者」です。これが「実年齢」です。頭髪は白髪でさらに、最近はどんどん後退し、入れ歯が多くなり、体力の衰えを感じているれっきとした老人です。しかし、どうしても自分が「老人」であるという自覚がないのです。「実感年齢」は、まだ50代です。

いつまでも若いつもりでいても、自分の時間は刻一刻と「老い」の道を進んでいるのです。これまでそれを意識しても、実感として捉えることができないことの苦労もあります。日々いろいろの数字に追っかけまわされて、それを達成するために奮闘してきました。その作業はどこまで行ってもゴールはありません。

昨年まで現役で仕事をしてきました。引退はまだ早い、と言われもしましたが、残された時間を考えると、「必ずしも早くはない」と決断したのは、これから「やりたいこと」があったからです。「人生100年時代」と言われても、自分の人生で残っている時間を期待しても、何の保証もありません。所詮、人生は途中で終わらざるを得ないのです。50年生きようが、100年生きようが完成はありえません。人生は無常です。

『病院に行かない生き方』（池田清彦著）に、「残念ながら老化の個人差を最も大きく左右するのは、生活習慣などではなく、もともと持っている遺伝子の組み合わせなのである」とあります。自然の摂理に逆らって無理をするより、自分が置かれている状況を冷静に見つめて、自分に与えられた機会に沿った老い方が一番無理なく老いを受け入れることかもしれません。

「老い」と仲良く生きていくためには、身体の健康と、頭脳の活性化を意識して生活していくことが、正しい「年寄り」への道です。もはや「老い」から逃れることはできない以上、素直に「老い」を受け入れ、その「老い」と共存していくことがこれからの生き方だと思います。

哲学者セネカは著書の中で　「老年の中には自分の年齢以外には長生きしたことを証明する証拠を何ひとつもっていない者をしばしば見かける」と綴っています（『わが死生観』セネカ著・草柳大蔵訳）。

セネカに指摘されるような老人だけにはなりたくありません。そのために、これまで生きてきた証を証明できる教養や知識を身につけなければならないでしょう。また、セネカは「私たちに授けられている命は短くない。短くしているのは、私たち自身なのだ」とも警告しています。

これまでの生き方を見直し、新たな目標に向けて挑戦することが「老い」を生きるということかもしれません。これまでの実社会での数字を目標にして、それを達成することが「成功」だったときは、その目標が達成しても、また次にさらに高い目標が設定されていくというふうにいつまでたっても終わりのない走行であり、満足はいつまでたっても得られませんでした。

一方、「老い」の生き方は、これまでに歩んできた過去を振り返る事ではなく、まだ来ない未来を憶測することでもなく、「今、ここ」を生きていくことに全力を集中していく。今日と言う時間を大切にする。自分に残された時間を無駄にしないことです。「今日も我が生涯の一日なり」と福沢諭吉先生が言っています。「今日」という時間を大切に生きる、心持を大切にするということです。

次に、「老い」の生き方として心掛けることは、「自立」することです。「自立」とは、周りの人に迷惑をかけずに、独力で生きていくことです。そのためには、日々の生活が他人の力を借りないで独りでできなければなりません。できるだけ介護などの世話にならないように健康に留意する。70代のうちに十分体力を鍛えることで80代、90代を乗り越えられるとのことです。

そして、年金生活で毎日の基本的な生活と、多少の余暇を楽しむだけの経済的な自立を確保することです。「あの世までお金は持っていけない」と言われますが、必要以上の資金は不用ですが、残りの人生を楽しむためには、多少の余裕もなければなりません。

「自立」するとは、「孤独」になることでもあります。これまでの会社という群れから完全に離れて、独りで自分のしたいことを、周りの雑音で煩わされることなく実行できることです。「孤独」は、「孤立」とは違います。必要なときには必要な人と連絡を取り合う関係は維持しています。必要以上に世間の雑事に関わることも避けることです。幸い今は、コロナ禍で大勢の人が集まる機会がほとんどありません。孤独は独りでいるときよりも、多くの人々のなかにいるときの方が一層感じるときが多いものです。

「自立」は、同時に「自由」を享受することです。他の人の気持ちを慮る必要がないことです。但し、「自由」と言うことは「自己責任」を持つことです。今の自分は、何の束縛もなく、1日24時間を自分のために使えることができることが最大の幸せです。

「老い」は、「四苦」の一つとお釈迦様は言っていますが、「四苦」＝生・老・病・死の中では、「老い」の期間が一番長くなっています。「人生100年時代」に近づくほど、老後がどんどん長く延びていくことでもあります。それは老人にとって、幸せなことか、不幸せかは、その人の生き方に関わっていくことでもあります。

稲垣栄洋著の『生き物が老いるということ』を読んで、生物学の知識を大いに学ぶことができました。人がなぜ「老いるのか」ということが良く理解できました。

イネの成長を人生になぞった例えはその通りだと、納得です。イネは、最後に米を実らせるステージは、精神性を高める「心のステージ」であり、「米」は、「生き方」を見せることではないか、と。「実るほど頭の垂れる稲穂かな」のことわざの通りです。

そして、人が「老いる」プロセスを細胞レベルで説明されています。人は「多細胞生物」であり、「死」は避けられない掟であることも改めて心に記憶できました。

本文中に感銘をうけた言葉は「『生きる』という楽しさと美しさを前にして、科学はあまりに無力である」という文言です。

自分の平凡で特に目立った変化がない毎日を過ごす中で、体内ではそれぞれの部分で「変化」が起きていることを実感しながら、老後の一日一日を過ごしていきます。

昔から、時間を惜しむ心が大事であることを言い続けられていますが、いざ自分のことに立ち返ると実感が持てないことを後悔するばかりです。

そこで困ったときの助け舟です。

松原泰道師の著書『人間としての生き方』の中に、江戸中期の信州の正受老人という偉い禅宗の僧侶の訓話が引用されています。「一日暮らし」です。

「一大事と申すは、今日只今の心なり。それをおろそかにして翌日あることなし」です。

「人生でいちばん重要なことは、今日ただいまの自分の心なのだ。それをおろそかにして翌日というものはない」という教えです。

「一日暮らし」は、「一日一生」に通じるものだと思います。今日という自分の時間のなかで、自分が思ったこと、考えたこと、それを実行していくことが大事であり、それを明日に延ばすようなことがあってはならない、ということだと思いました。

そして、今日という一日を毎日積み重ねていくことが自分の一生になるのです。

そして、自分が生涯をかけて育てあげた寿命は、両親から受け継いだ命です。自分の体を構成する細胞の遺伝子の内、25パーセントは両親からの遺伝によるものだそうです。父親は80歳まで生涯現役を貫いた人でした。母親は85歳と長寿の部類でした。従いまして、自分の遺伝子は、それと同等または、それを越えることができるかもしれません。

私の遺伝子は、既に2人の子どもと、4人の孫にも一部が伝えられているはずです。そう考えると、生命という襷《たすき》をずっと昔の先祖から、そして両親から受け取り、それを子供たちや、孫たちに引き継ぐという重大な役割を無事に果たすことができたのではないかと思います。

生命が地球上に誕生以来38億年が経っています。ホモ・サピエンスが生まれてからも700万年が経過していますが、その生命がこれまで無事に繋がってきたことの神秘さを改めて感動します。

何らかの事変により途中でその生命が中断されていたら、現在の自分は存在しなかったわけであり、そう考えると、その命の重さを感じると同時に、今、自分がこの場に生きていることに感謝する思いが自然と湧いてきます。

いまここに存在している自分は、与えられた宿命を背負って存在しています。その宿命は、「縁」によって変えることができる、と仏教では教えています。それを「運命」と言います。これから「自由」のなかで自分を高めるために学んでいくことを自分の日課としていきます。

それは、自分にとって何の利益にもならなくても、人生に少しでもプラスになれば本望です。

それに気づかされたのも、隠居生活という自由な時間の中で自分自身を見つめ直した結果であります。ゆっくりと流れる時間の中で、自分自身を見直すことは、必要なことであることを実感することができました。

正直、自分の実年齢を実感することができていないことを、歯がゆく思うこの頃ですが、まだまだ「コップの中の水は半分残っている」という思いで、自分自身の生き方をもっと高めていくために知的時間を大切にしていかなければならないと思うこの頃です。

そのための指針を二つ松原泰道師が先述の著書のなかで教えてくれています。

ひとつは、「比べない」ことです。苦しみに遭遇した時、いっさい比較しないことです。他人が持っているものと比較しない、他人の能力と比較しない。

もう一つ大切なことは、何ごとも「自分へのメッセージ」として受け止める姿勢を持つことです。自分に起こったことは、自分への何らかの伝言であり、一度立ち止まって、自分のこととして熟慮してみることも必要かもしれません。

これからの隠居生活の心情は、「ゆっくりと、そして他人の目を気にしないで」老いの毎日を乗り切っていきます。

養生

「自分の体のことは自分が一番よくわかっている」、病院へ行くのが嫌な人の常套句です。確かに、自分の身体と24時間過ごしている本人が体の変化・異常に最初に気づくはずです。

身体の一部が傷ついたりすれば、外科的な処置が必要ですから、病院へ行くでしょう。

自分の体に変調を感じたら病院へ行くことが常識です。しかし、最近の病院は、「病気を作るところ」と巷間で言われています。わずかの変化を先生に告げると即刻検査、一回で原因が判明しないと、次の検査と繰り返されて時間だけが過ぎていきます。そして、対処方法が告げられます。結果として、何種類かの薬が調合されて、「薬が切れたら来院してください」で検診が終わりです。

白衣を着た先生が言うことは正しい。それを鵜呑みにすることでいいのか、疑問を感じるのは私だけでしょうか。

これからの老後を元気に健康で楽しく過ごすために、自分の「心と体」とどう向き合っていけばいいいか、自分なりに調べてみる価値があるのではないか、それは最終的に自分の生き方にも通じるとの結論に達しました。

令和3年（2021年）『人口動態統計』によると、死亡者数143万人の「死亡原因」の第1位は「悪性新生物（がん）」、第2位「心疾患（高血圧を除く）」、第3位「老衰」となっております。平成30年（2018年）に「脳血管疾患」にかわり第3位になりました。

老衰が増えた原因としていくつか挙げられています。

ひとつは、社会全体と医療現場が自然死を受入れるようになったことが大きいようです。

厚労省が発行する「死亡診断書記入マニュアル」によると、「老衰とは、高齢者でほかに記載すべき死亡原因がない、いわゆる自然死」とあります。

「自然死」とは、我われが子どものころは、それが当然であったように思えます。私の母方の祖父・祖母は、自宅で亡くなりました。

田舎のことで、村に一つの病院の先生が死亡宣告をし、その後坊さんが来て、親族で葬式を出して、埋葬した記憶があります。

当時、老人は「老衰」で亡くなることが当たり前の事でした。現在のように、病院の冷暖房完備の環境で、体中に機械をつながれて、身体をデジタル管理されて、ゼロになったらそれで臨終となる人生などで終わりたくない、と思います。

「老い」は、「病」ではないので治すことはできません。不老不死も絶対にありえません。しかし、老齢になった現在は、「自分の体は自分で管理する」という思いを持って、自分の体を労わることを心掛けることもいいのではないでしょうか。その中心の思想は、西洋医学ではなく、東洋医学の中の一つである「健康で長生きする術である」「養生」を学び、自分の体と付き合いながら、元気で楽しい人生を謳歌するためにも、自分の身体を自分で養生していくことでもいいのではないでしょうか。

そのためには、まず、「東洋医学」とは何か、ということから学び始める必要があります。

参考にする書籍『カラダを考える東洋医学』（伊藤剛著）には東洋医学について、「その人の心と身体の不調や症状を個別かつ全体的に診察を行い、その診断に基づき、自己の治癒力を生かしながら、不調や病の改善を図ります」とあります。

西洋医学のような「対処療法」ではないということです。「その人の心と身体」を対象に「自己の治癒力」で病気を治すことが中心です。そして、「心と体」を一体と考える「心身一如」が基本です。

「健全な精神は、健全な体に宿る」と昔から言われてきています。健康であるためには、頭脳も明快でなければなりません。そのためには、心身を常に正常な状態を維持するために、適度な運動をすることです。

また、「未病」という考え方は、養生につながり、予防医学、公衆衛生学などからも、その重要性が認識されています。身体から発する警告を慎重に聞いて、自分なりの方法で病気に向き合うことで、未然に病気を防ぐことを心掛けることです。

「養生法」としては、食事、生活、睡眠、呼吸法、運動、そして養老の六つの方法について実践していきます。

江戸時代中期に貝原益軒が84歳で著わした『養生訓』の中で、現代でも参考になる部分を取り入れていくことが有意義と考えます。特に、最後の「養老」巻八に関しては、当時としては長寿である80代まで生きた人物の教訓として、大いに参考になる部分があります。

食事方法

基本的には朝、昼、晩の3度の食事は必ず取ること。食事量は腹7～8分目とする。巷間で言われているように、年寄りは肉食の必要性を強調しています。「肉に含まれるタンパク質は病気に抗する免疫機能を高め、脂肪は免疫細胞のリンパ球を形成するという役割を担っています」と、和田秀樹先生は著書『六十代と七十代 心と体の整え方』にて肉の必要性を訴えています。

最近の長寿者は、こぞって肉を好んで食べていたことを、テレビや本で紹介しています。それらの例からして、老人にとって肉を食べることは良いことであるに違いありません。私も、魚よりも牛肉を食べるようにしています。

もう一つ心掛けていることは、できるだけ好きなものだけを食するようにしていることです。この年齢になったら、好きでないものをむりして食べることはないと思います。

「七十にして心の欲する所に従って矩《のり》を踰《こ》えず」と『論語』の学需《がくじ》にあります。70歳になったら何をやっても脱線しないのが【従心】であると孔子様も悟っています。

隠居生活の本文は、「自由」と「自立」でストレスを溜めない生活を心掛ける。「隠居心得」にある通り、孤独を率先し、自分の夢を実現するために、道楽に徹することを旨とします。

『養生訓』――「人として生まれたならば、三つの楽しみを知らないのは悲しいことである。一つは良い行いをして自尊心を高める。二つは健康で心配事がないこと。三つ目は長生きをして、人生を十分楽しむ事である。この三つを行うには、養生の教えよく守らなければならない」

睡眠

「年寄りは朝が早い」と言われて同居する若者から疎まれます。

老人が朝早く目覚める要因は、２つあります。その１は、加齢により生体機能の周期が前倒しとなるためと、そして２つ目は、睡眠が浅くなるためです。その理由としては、「基礎代謝」が減るためです。

「基礎代謝」とは、呼吸や体温など生きていくうえで欠かすことができない必要最小限のエネルギーの消費量のことをいい、睡眠時間と相関関係にあります。その原因の一つは、筋肉量が減少するために基礎代謝が減るからです。

そのためにも、できるだけ運動をして、少しでも筋肉量を減らさないことが必要です。日中にウォーキングなどをすることで両足の筋肉を動かすことが運動になります（両足の筋肉量は全体の７割を占めています）。

「頭寒足熱」も寝るための体調としていいようです。そして、夜遅くに脳を刺激して興奮させることを控え、寝る前のカフェインを避けるだけでなく、身体のこりや、冷えの不快な刺激をとり除くことを心掛けることです。

隠居生活を満喫する中で、睡眠時間も好きな時に寝て、好きな時に起きることは誰にも遠慮しなくていい生活ですが、「養生」のことを考えると、一定の時間に寝て、起きる「自覚覚醒法」で、目覚し時計がなくても自然に目覚める規則正しい生活が大切と考えます。

呼吸法

「養生」は、生命を養うこと。健康の増進をはかること、と『広辞苑』にあります。我われの身体には、「気」が宿っているといわれています。その「気」が活発な時には「元気」であり、病で患っている時を「病気」と言います。その「気」とは、生命の原動力となっている勢いのことを言います。「気勢」「精気」「元気」などの言葉のもととなっています。その「気」を高めるために、正しい呼吸方法を身につけて、ゆっくり深呼吸をして、体調を整えることを日々心掛けることです。

病気が治ったら、ゆっくり保養することも養生です。高齢になればなるほど、身体のいろいろな部分に障害が発生することはやむを得ません。病院に行って、病気の原因を担当医にきくと、口をそろえて、「高齢のせいです」とつれない回答です。だから病気になったら、病気と共存して、自分なりの治療方法を見つけることも一つの方法です。

運動

後期高齢者といえども、家にくすぶっているわけではありません。

ウオーキングをしても、後ろから若者に簡単に抜かれてしまいますが、自分のペースで、季節の変化を見ながら、空気の入れ替わりを感じながら、吹く風に触れることを楽しんで歩いています。

秋には、街路樹から落ちたドングリを拾って、家に持ち帰り、集めて楽しんでいます。

体全体の筋肉の7割は下半身にあるといわれています。年を取って、歩くことができなくなったら健康を維持できません。そのために、1日に2回、午前と午後にスクワットをやっています。足の筋肉を維持するためです。

運動とは言えないかもしれませんが、頭脳を活発にするため読書をすることも、「頭の体操」と言えるかもしれません。新しいことに興味を持ち、好奇心を持って、これまでに知らなかった世界を冒険することは、脳を最大限働かせるという意味では運動にはいるのではないでしょうか。

もちろん、体を動かす事で、体だけではなく、脳の働きにも良い影響を与えているはずですから、両面から活発にすることで、頭がボケ防止のための運動となります。

養老

自分が老いていくことは、毎日が新しいことの経験であります。一日が過ぎ、次の日は新しい自分を迎えることができ、常に未経験なことを体験しているのです。

永六輔は著書『大往生』のなかで、ある老人の言葉を紹介しています。

「人間、今が一番若いんだよ。明日より今日の方が若いんだから。いつだって、その人にとって今が一番若いんだよ」

これが若さの秘訣です。そう思って毎日を暮らしていきたいです。これからの未知の世界を生きるための心がけについては、経験者を参考にする事は良い方法だと考えます。

貝原益軒著の『養生訓』の第八「養老」の項目が参考になります。

—心を楽しく

「老後は若いときの十倍に相当する早さで日月が過ぎていくのだから、一日を十日とし、十日を百日とし、一月を一年として喜楽し、むだな日を暮らすようなことがあってはいけない。つねに時間惜しまなければならない。心静かにして従容として残った年を楽しみ、怒ることなく、欲を少なくして、この残っている身体を養うべきである。

老後はわずかに一日でも、楽しまないで空しくすごすことは惜しまなければならぬ。老後の一日は千金に値するものである。ひとの子たるものは、このことを心にかけて思わないでよいはずはない。」

—七十歳をすぎる頃

「年齢が下寿（六十歳）をこえて七十歳になったならば、一年を無事にすごすだけでもひどく難しい。老人もこの頃になると一年のあいだでも体力・気力の衰えが時とともに変わっていく。その変化は、若いときの数年をすぎるよりもなお明瞭である。このように衰えていく老いの身であるから、よく養生しなれば天寿を全うすることはできない。

またこの年頃になっては、一年の経過は若いときの、一、二ヶ月をすぎるよりも早く感じられる。残り少なくない命であって、こんなに年月が早くすぎていけば、これからあとの年齢が本当に少ないことを考えなければ」

この二つの項目だけでも、益軒先生は、老後の時間が早く過ぎ去ることを身に染みて感じていることがよく伝わってきます。そして、残り少なくなった老後でも体調を考えて無理をせずに、人生を楽しくすごすことです。

そして、年を重ねることは、自分自身が変化していくことを従容することでもあります。その変化は止めることができません。その変化を実感しながら、ゆっくりと坂道を下っていくのが「養生」です。

運動と脳

「人生100年時代」を楽しく生き抜くためには、「自立」した老年でなければならないと考えます。周りの人たちに世話になったり、介護をされたりして長生きをしても、単に「生きているだけ」の人生です。

1年1年と歳を重ねていくことで「老い」は進行していきますが、健康な身体を維持しながら、楽しい時間を過ごすことを目指していくことが「自立」した人生と言えるのではないでしょうか。

「自業自得」という言葉があります。

①「自らつくった善悪の報いを自分自身でうけること」

②「一般に、悪い報いをうけること」（『広辞苑』）という意味です。

しかし、本来は仏教の世界で使われてきた言葉です。

「自業の『業』は行為のことです。良い行為を善業、悪い行為を悪業と言います。したがって、自業自得とは善悪のいずれの行為にしても『自分のした行為に責任を持つこと』で、責任の所在を強調することです」（『九十九歳。今日をもっと工夫して生きる』松原泰道著）

この言葉は、自分が生きていく上で心掛けなければならないことです。自分の行為に責任を持つ、ということとは、日々の過ごし方が将来の自分に跳ね返ってくるということです。

「自立」した老後人生をおくるためには、70代の現在に、独りで自分のことができるような健康な身体を管理・維持していかなければならない、ということだと思います。

「人生いたるところに青山あり」でこの先の人生に何が待っているかわかりませんが、今日できることは実行すべきと考えます。

今迄の生活で長い間忘れていた、人間に本来内在している「五感」（聴覚・視覚・触覚・

嗅覚・味覚）を、これから取り返して、より感覚的に生きることが人間らしい長生きの秘訣です。

「年を取ると感覚が鈍くなる」と感じることが多くなります。確かに、目は老眼となり、近くのものを見るのに老眼鏡をかけなければ見えません。新聞や本を読むのに苦労します。「耳が遠くなる」ともいわれて、テレビの音量も自然と大きくなり、老夫婦だけなら普通の音ですけど、子供や孫たちには敬遠されます。

最近テレビを見ていたら、「認知症」の話題をとりあげて、認知症を遅らせるための方法のひとつとして、「いい香り」を身近において、香りを楽しむことで認知症の進行を遅らせる効果があることを話していました。それは、香りを感じる「嗅覚」と記憶を司る「海馬」が直接つながっているので、香りが記憶を呼び起こす効果があるため、とのことでした。

そのため、アルツハイマー型認知症では嗅内野の萎縮が早期より見られ、匂いが分かりにくくなるようです。

とかく老人は、世間から「老害」を理由に存在自体を敬遠されますが、「感覚的」に生きることの方が幸せになるのではないでしょうか。

「健康」を維持するために大切なことは「睡眠」です。会社生活の時には、目覚まし時計で目覚める毎日でした。十分な睡眠時間は取れず、絶えず睡眠不足でした（睡眠負債状態）。12時から午前1時頃に床にはいり、5時間後には起床して、7時には電車に乗り、1時間半かけて出社する毎日でした。身体に良いわけがないとわかっていても、辞めるわけにもいきませんでした。「会社のため」と言い訳しても、会社員のサガです。

60代になると、それまで海外出張しても「ジェット・ラグ」（時差ボケ）は感じませんでしたが、1週間の出張から帰国した翌朝、目覚めると天井が渦を巻いて、体が真っすぐ歩けない状態を経験しました。それが1週間くらい続くとさすがに心配になり、耳鼻科と、精神外科へ行きましたが、ＣＴスキャンでも「異常なし」と結果でした。それが2回ほど続きました。そして、自分なりの結論として、「体内時計が狂ったため」と自分を納得させることもありました。

会社を引退した今の生活は、目覚まし時計がなくても目が覚めるほど、充実した毎日です。

朝目が覚めて布団のなかで、「新しい朝を迎えることができたことに感謝！」して起床します。晴れまたは曇りであれば、ウォーキングに出発します。規則正しい生活を実行しています。朝食をとり、午前中は自分の生涯学習のための時間です。

「人生１００年時代」を生き抜くためには「健康」が第一に大切ですが、それと同じくらい重要なのが「脳」の働きです。70代後半になると約10％の人が「認知症」になるといわれています。身体が健康でも脳が病気になってはできません。

脳の寿命も身体の寿命と同じように健康を維持することが必要です。そのためには、自分の「変化」に気づくことが肝心です。脳も老化を逃れることはできません。例えば、イライラする、よく眠れない、何かをやろうとする意欲がわかない、ど忘れする等、わずかな変化を感じたら、立ち止まって考えることが必要でしょう。高齢になるにしたがって、特に注意しなければならないのは、「意欲の低下」に最も気を使うことと考えます。

脳の老化は、毎日10万～20万個の神経細胞が減少しているそうです。そして脳は委縮していきます。その結果、もの忘れの症状が表れてきます。

脳が老化するのを少しでも遅らせるためには

①規則正しい生活をする
②一時間のウォーキングをする
③6～7時間の睡眠時間
④栄養を気使った食事
⑤「楽しいこと」を実行すること

脳を活性化させるために、これまで75年間という期間に経験してきた出来事を思い出すことが役に立つのではないか。これまで生きてきた「記憶」を思い出すことも有効である。「記憶の中でも経験の記憶、つまり思い出は学術的に『エピソード記憶』と呼ばれ、いつ、どこで、といった時間や場所の情報をともなった過去の出来事と定義されます」（『老いと記憶』増本康平著）

このエピソード記憶は、加齢とともに低下するが、10代～20代にかけて経験したことは多く思い出すことができます。脳の老化防止のために、自分の過去に経験した出来事を思い出しながら、書き出してみることも有効な作業になると思います。

エピソード1：18歳まで田舎で暮らしていた時代
エピソード2：社会に出て、就職し家庭を築いた時代
エピソード3：会社員時代
エピソード4：起業時代

それぞれの時代での思い出をまとめる作業をプランする。「記憶」のプロセスは、経験を情報として頭に入力し（符号化）、その情報を保持し（貯蔵）、保持した情報から必要な情報を思い出す（検索）作業である。年を取ると特に低下するのが情報の入力と検索です。

「健康」については三木清著『人生論ノート』の中の「健康」に、「誰も他人の身代わりに健康になることができぬ、また誰も自分の身代わりに健康になることができぬ。健康は全くめいめいのものである。そしてまさにその点において平等のものである。私はそこに或る宗教的なものを感じる。すべての養生訓はそこから出立しなければならぬ」とあります。「健康」は、それぞれ自分で身体や脳に対して自己責任で管理しなければならないということです。

死生観

「死のほんとうの原因は、生まれたそのことにあるのだ」。釈尊の言葉です。人は生まれたらその時から「死」というゴールに向かって人生を進んでいます。その人生の終焉をどう迎えるか、残りの人生での最大の関心ごとです。

まだまだ先の事と考えていたが、気が付けば自分の意識の射程内に入ってきました。これまでは、目を背けてきたことだが、もう、そうは言っていられません。自分なりの「死生観」を持つことを真剣に考えなければならない時限を迎えています。

「死は観念である」（『人生論ノート』三木清著）。誰もが「死」を経験することはできません。だから、「死」については、自分で考えて、自分で理解して自分の覚悟を持たなければなりません。「死」を見極めるためには、それまでに至る間の生きかたが重要になると思います。「今、ここ」、を生きるという思いが自分の人生を悔いなく生きた証になると考えます。実際にその時になってみなければわかりませんが。

２０２２年（令和４年）２月１日に89歳で亡くなられた石原慎太郎氏の遺稿である『死への道程』が『文藝春秋』４月号に掲載されました。その中に、以前に石原慎太郎氏の膵臓がんの摘出手術を担当された医師との、再検査の際の会話が記されていました。「～先生、あとどれほどの命ですかね」という質問にたいして、即座にあっさり「まあ後３カ月くらいでしょうかね」と返答していたのを読み、石原氏と担当医との信頼関係を感じました。

石原氏は文学の主題が「死」であり、自身も『法華経』の本を上梓されるほど仏教にも精通されていましたが、自分自身の「死」が身近に迫ってきたときには「死は放り出したくなるような矮小なものに堕してしまった」と告白されています。

そして、「死」の先にあるものについて「虚無は歴然として存在する」という箴言をものにしてからそこへの逃避に迷うことなく来た石原氏でありましたが、それも迷妄に近いものでしかないかと迷いだしたことを告白されています。

「人間は誰しもいつかは死ぬとしりつつ生きているのだから死に臨んでの狼狽はいかにも愚かしいが、死が未曾有なるが故にそれは未曾有の事として許されるべきかもしれない」とも分析されています。

また、さすがは石原慎太郎と思うのは、最後に「私は誰はばかりもなく完璧に死んで見せると言うことだ。私の死を誰がどう奪えるものでもありはしない。出来得るものなれば私は私自身の死を私自身の手で慈しみながら死にたいものだ……」と残していることです。

まさしくこの『絶筆・死への道程』は、石原慎太郎氏の「死生観」です。

「死の問題を解決するとは、死を恐れる心の解決です。死を恐れる心の解決が死の解決となります」(『人は必ず死ぬ』松原泰道著)。なぜ人は、「死」をおそれるのでしょう。一番恐ろしいのは、自分が死んだらどうなるか、わからないことです。死んだらどこへ行くのかもわからない。死後の世界がわからないことが最大の恐れです。釈尊の弟子が、「あの世はあるか」と問うたとき、釈尊は答えなかったそうです。そこには「無記」と記されていました。

「無記」とは、何も返事をしなかった、ということです。

釈尊が答えられないことを、我々が知る由もありません。

わからないことを考えても仕方ありません。それより、別の考え方をすることが賢明なことだと考えます。現在の年齢である七十五歳からの人生の先にあるのが「死」であり、「生が終わって死が始まるのではなく、生はそのまま死であり、死はそのまま生である」と言う、松原泰道師が言及されている通りだと思います。禅宗の言葉にある「生死一如」の教えです。生と死はコインの裏と表の関係です。

「生が終わって死が始まるのではない。生が終われば死もまた終わってしまうのだ」と寺山修司も喝破しています。また、五木寛之氏は著書『白秋期』の中で、「自分が消滅する。消滅してどこへ行くかというと、海のような大きな世界の中に溶け込んでしまうのだと考えると、自分が死ぬことに希望が持てる」と述べています。

そこで「死生観」を考えることは、「死」までの残された時間をいかに「生き切るか」、という考えです。日本人の人生観には、「自然的死生観」があると思います。人生を四季に例えて、春は「若さ」、夏は「成年の時」、秋は「晩年」、そして、冬は「老年」の時期です。

病気になり、老年を迎えた人は、「あと、何回桜の咲くのを見ることができるか」とか、「今年も紅葉を見ることができるか」と、自然とのかかわりの中で、自分の人生を重ねて生きているのではないでしょうか。

一方で、「空」とか「無」ということも、意識のどこかにあるはずです。四季の移り変わりに合わせて、自分の人生の「変化」を感じます。「老い」の自分の姿は、若さの喪失であるが、それはあくまで「変化」という思いです。

700万年前にホモ・サピエンスが進化して以来、生命のDNAが今日まで受け継がれてきました。このDNAを子々孫々に伝えていくのが私たちの役割であると考えています。そして、現在は、子ども、孫までに伝承できていることは、自分の仕事は、無事完了できたと考えます。

そして、最後は一人静かに、消えて行くことが理想です。生まれてきたときも一人なら、死んでいくときも一人です。所詮、人生は「孤独」です。また、老いも死も、健康と同様に、他人に代わってもらうことはできない「自分のこと」です。

自分の「死生観」は、自分の天寿を知ることができないとすれば、その時が来るまでの時間を無駄にすることなく、一日という時間を大事に生きていくことに専念していくという考えです。

「人生100年時代」といわれる一方で、100歳まで行かなくても、80代、90代で独りで生きていくことが苦痛で、生きることの意味を見失っている人が多くいるのではないでしょうか。

先日、カンヌ国際映画祭でカメラ・ドール特別表彰を受賞した早川千絵監督作品の『PLAN75』を見てきました。国が認めた「75歳から自らの生死を選択できる制度」。脚本家の橋田寿賀子さんが『安楽死で死なせて下さい』の著書の中で国に訴えて実現できていない制度を、映画化したものです。

個人的な感想としては、正直、やるせないおもいでいっぱいでした。これから長生きすることが、幸せな事なのか、疑問ばかりが先に立ち、悲痛な思いでした。後期高齢者である75歳になることで、自分の命を見直すきっかけにはなると思いますが、その結果、「死」という選択を自分ですることの重大さをこれからの老人は、背負わされているようで、やるせないです。

主人公の老女性は、一度はプランを選択するが、最期のベットの中で、それを中止して、病院を抜け出してしまいます。なぜ、という疑問を抱かせる最後でした。私の勝手な解釈は、「でも自分にはまだ生きる意欲がある」、と途中で思い直したのではないか、と想像しました。自分で自分の生命を断絶することは罪である、と思ったのかもしれません。

私は、そこに人間としての微かな希望を感じ取ることができました。

この映画のテーマは、高齢者の死を中心に、家族問題（夫婦関係、親子関係）、介護問題、雇用問題等、現在そして将来の社会問題を扱った非常に重い作品でした。

人間は、生まれてきた以上、最期は死をむかえるのが宿命で、逃れることはできません。しかし、誰もが「死」にたいする漠然とした恐怖や不安を持っているはずです。「死」が怖いのは、「死」そのものよりも、「自分が死ぬという思い」が怖いのである、ともいわれます。また、この世に多くの「未練」を残して死ぬことで、やりたいことができていないためだともいわれています。

「死」を真剣に考えると、新たに現在生きていることの大切さを真摯に思うようになります。「今、ここ」を精一杯に生きていく覚悟のようなものが芽生えてきます。平凡でも楽しい一日を生きていることがありがたく思えてきます。

そして、最期の時が来たらこの世を去っていくことを覚悟します。そのために、自分で「死生観」を持つことが大切です。自分なりの「死生観」を持つことで、安心感を得ることができると思います。

ひとそれぞれの思いで自分の最期を描くことが、迷いをなくすことができます。

自分自身では、まだ、はっきりとした「死生観」を持てていませんが、これからの老後を生きていくなかで、考えを模索していくことでしょう。

自分自身の「死生観」を持つことで、「死」に対する恐怖がなくなることは間違いないようです。自分の人生の最後を考える時間は必要です。安心して旅立つために。

自分の「死生観」を考えながら浮かんだ歌を1首

「へ」の字の人生を
「く」の字で生きる
　わが一生

「へ」の字の人生は、40歳を頂上としてその後の長い下り坂の老後を行くことは、「へ」の字を立ててできた「く」の字で表す「四苦」を背負いながらゆっくりと進んでいくのがわが一生ではないでしょうか。

第六章　生涯学習

生涯学ぶ意義

小学校から高校、大学を通じて読んだ本は教科書だけでした。社会に出てからは、少しは仕事のための知識が必要と考えて、ハウ・ツー本を読むようになりました。読書の必要性は十分認識していましたが、実際には、仕事に追われて読書する時間はありませんでした。

その結果として、自分の知識は非常に狭い範囲でしか発揮できませんでした。それに、新聞さえ毎日読む事がありませんでした。いま思えば、インターネットが今日ほど発達していない時代でしたから、世の中の動きに対しても鈍感でありました。

読書に興味を持ち始めたきっかけは、日本の戦後高度成長期を牽引してきた経営者、具体的には、松下幸之助、本田宗一郎、盛田昭夫、井深大、稲盛和夫等の一代で世界的な企業を築いた人たちについての生き方、考え方でした。

関係図書を読んでいく中で、その人の生き方の根底に持っている人生観、世界観、将来を見つめる未来展望、宗教観等興味がどんどん拡大していきました。

そして、それぞれの共通の人物像として見えてきたのが、人間としての不動の中心軸でした。どんなことがあってもけっしてぶれない信念を持っていました。それを具体的に会社経営という場で実践してきた背景を追求していくと、いろいろのものが見えてきました。時代は、高度経済成長期の中にあって、会社は成長を続けてきましたが、それだけが理由で会社が成長した訳ではないことは、大量に出版された関係書籍を乱読してみて一目瞭然でした。

例えば、戦後に創立されたソニー株式会社と、私が入社した会社の創業はほぼ同時期でした。同じ業界に属していながら、一方では世界的な企業に成長し、現在でも一流企業として存続していますが、私が働いていた会社は既に跡形もなくなっています。その違いは、明らかに経営者の考え方の違いでした。

長年働きながら、読書に興味を持っていましたが、ゆっくり読書をする時間を確保することはできませんでした。言い訳かもしれませんが。

仕事を辞め、自由時間ができたら読書三昧の生活をすることを楽しみにして、興味がある書籍を収集し始めました。現在まで数百冊集まりましたが、今でも書店で興味がある本は購入しています。

長年待ち続けた読書のための自由時間ができました。70代後半になって改めて学ぶ意義を考えてみました。

読書には、2つの方法があると思います。1つは、仕事をする上で役に立つハウ・ツー本や、仕事関連の参考書等の実務に関連する読書があります。これらの本は、読み終えてしまえばお役御免です。これまで新たな仕事をする度に購入して読んできましたが書棚にうずくまっています。家人から本が増えるばかりで、狭くなるので処分するよう言われるたびに処分してきました。

しかし、中には人生の生き方の参考となる書籍もありました。例えば、ピーター・ドラッカーの本はその後も読み続けました。

2つ目は、自分が仕事以外で興味を持ったことに関連する書を読み続けることです。何の益にもなりません。ただ、自分の知識を増やし、自分の人生を充実させたいという知的好奇心を満たすための読書です。

「人間は生まれながらにして知ることを欲している」と、アリストテレスは言っています。

知の巨人と言われた立花隆氏は著書『いつか必ず死ぬのになぜ君は生きるのか』の中で同様の事を記述しています。「人間というものは、最も基本的な欲求として、知りたいという欲求を持っている。これはほとんど人間の本能といっていいわけです。おそらく食欲、性欲と並ぶぐらい、最も根源的な欲望として、すべての人がもっているはずのものなんです」

「知りたい」という知的好奇心を発揮してこれから生涯をかけて読書していくことは未知との遭遇でもあり無上の愉悦であります。

1冊の本を読み進めていくと、その中には新しい興味を引く内容を発見して、それを調べるためにまた新しい本を探して読み進む手順がくりかえされて、終わりなき知的探求が続きます。

ホモ・サピエンスとしての人間が直立2足歩行を始めて、前頭葉が発達して、言葉を話すようになって、文字を発明して、人類の文明・文化が発展してきました。文字の発明により今日まで多くの文明・文化が伝承されて来れたことを、現代の我われが知ることができることは幸せなことです。

1人の人が考えたこと、想像したことを我われは、文字という手段を通して知ることができます。これまでの世界の偉人たちが残してくれた書物は世界の遺産であります。

知的好奇心を満たしてくれる書籍類を簡単に入手できる現代に生きる我われは幸せであります。先人の知恵から学び、それをさらに発展して21世紀の文明・文化は発展してきました。

私の生涯をかけて読み続けようとしている日本の中世時代の文学についても当時の隠遁者が書き残した随筆や俳諧は日本独特の書き言葉を使った文章であり、わかりにくいゆえに、現代人が敬遠する原因にもなっています。

もともと日本には文字は存在しませんでした。6～7世紀ごろ仏教・儒教・道教などが伝わり、それらは漢字で書かれており、それを解読できる人が随や唐から帰国し、漢字の識者が増え、漢字を使った書物ができました。7世紀後半から8世紀後半にかけて『万葉集』が編纂されました。万葉仮名と言われる漢字だけを使って大和言葉を表現しました。

日本人は、ゼロから何かを創造するのは得意ではありませんが、一から発展させて創造することは得意です。漢字からカナを、そしてひらがなを発明しました。

平安時代になると、女人がひらがなだけを使って日記を著わしました。その後、鎌倉時代になると「和漢混淆文」で表した最初の書物が鴨長明著の『方丈記』でした。しかし、方丈記は和漢混淆文と言っても漢字とカナの混合で書かれています。それから約百年後、今日のような漢字とひらがなで書かれた最初の書物は、吉田兼好作『徒然草』です。

この漢字・カナ・ひらがなの3種類の文字を使って文章を書く日本人は素晴らしい民族だと思います。

そして、自分の感情や、四季の移り変わりなどを17文字（5・7・5）で表現する俳諧や、31文字（5・7・5・7・7）で表現する和歌は、日本独特の文化であると誇れます。

これらは、日本の「古典文学」の範疇であり、中学・高校でさわりだけを勉強し、試験問題のために暗記するのみでうろ覚えでしたが、今になって、これらを見直してみると、日本人として見過ごすことができない世界だという思いもあります。

「つれづれなるままに、日暮らし硯に向かひて、
心にうつりゆくよしなしごとを、そこはかとなく書きつくれば、
あやしうこそものぐれほしけれ」

よく知られた室町時代にかかれた吉田兼好の随筆『徒然草』であります。兼好が隠遁して、世間から離れて孤独の中で感じとった世の中の無常観、人々の愚かさ、宮廷時代への追慕などを綴った244段です。

江戸時代の『奥の細道』を著した松尾芭蕉は、西行の歌枕に心を寄せて東北を旅しまし

た。

西行の歌集が文字として存在していたことが、芭蕉が、西行が400年前に旅した東北を廻って俳句を作ることを可能にしたのです。

このように文字は、情報として記録されて後世に残すことができ、その発明の意義は偉大だと感じます。

文字がなかった時代の文化に対する思いは想像する楽しみがある分、また楽しい研究分である。1万3000年も続いた日本独特の文化である「縄文時代」は、その想像を駆り立てる時代であると思います。

「北海道・北東北の縄文遺跡群」が2021年7月に世界遺産に登録されました。縄目を文様とした土器や、火焔と波を表した「火焔土器」や、「遮光器土偶」そして「縄文のビーナス」の土偶等その時代の人びとの芸術力の高さには驚嘆するばかりです。それに、狩猟採集生活の定住生活もし、1万3000年の間には大きな戦もなかったと言われています。丸山三内遺跡などの大集落になれば長老などの存在もあったでしょうが、ほぼ平等社会であったようです。

このように、「文字」がない分、現代の我われには、遺跡から無限に想像する楽しさがあります。現在の科学技術を使って、当時の事を徐々に解明して見えて来るものも多くありますが、科学ではわからない人々の生活や、考え方は資料を頼りに想像することが可能です。

各地で発掘されている遺跡を巡り、自分の目で見て、想像する楽しさこそが、生涯学習の対象分野です。

それ以外にも、限られた時間の中で学ぶべきことは、自分自身についてです。

少にして学べば、則ち壮にして為すことあり。
壮にして学べば、則ち老いて衰えず。
老にして学べば、則ち死して朽ちず。
『言志晩録』（佐藤一斎著・川上正光訳注）

老年になっても学んでいれば、見識も高くなり、より多く社会に貢献できるから、死んでもその名が朽ちることはない、ということです。

社会に貢献できることはなくても、名前が朽ちることがなくても、学ぶことは、自分自身を少しでも高めるための生涯学習を続けることができる限り、自分の人生の矜持であり最後の目標です。

趣味の世界

昔は、定年後は「ご隠居」とよばれ、趣味は、盆栽などの庭いじりや、孫の面倒を見るなどしているうちに10年～15年がすぎて、お迎えが来て、無事に一生を終えることができました。これは、漫画の『サザエさん』（長谷川町子著）の世界のお話です。

いわゆる「護送船団方式」で守られてきた企業に勤めていた人は、「定年」でそれ相当の退職金が保証され、生涯を年金で生活ができた、大変幸せな時代もありました。戦後の経済成長が右肩上がりの時に重なったことで、「優雅な老後」を送ることができました。

会社を引退後に、改めて「趣味」とは、辞書で調べてみると、「仕事・職業としてではなく、個人が楽しみとしている事柄」、とありました。

定年後の趣味についての調査結果をみると、男性は、スポーツ、読書、パソコン・インターネット、女性は、読書、旅行、音楽鑑賞などが上位を占めています。

そして、趣味の効果としては、

①リラックスできる

②孤立を防ぐ
③健康寿命を延ばす
が挙げられています。

「老後の生活」に関連する記事や、テレビなどの特集では、「趣味を持ちなさい」「ボランティアをして社会に少しでも貢献しましょう」と、同様な内容ばかりです。確かに効果からすれば、持たないより持った方がいいことは分かりますが、何となく「同調圧力」を感じるのはわたしだけでしょうか。

私の人生、今ようやく自由の時間を得ることができるのです。

これまでの自分の人生を振り返ると、ある時は、考えた通りに、また、ある時は期待外れの時期がありました。それでも、これまでの人生は、ほぼ予定通りに達成できたのではないでしょうか。これから経験することは、想像できませんが、人生の最後の時間を長年暖めてきた趣味で実現するために思う存分、人生を楽しむことを、最終目標として「生涯学習」として以下の四つに絞りました。

① 健康・体力つくり
② 趣味を豊かにする

③　教養を高める
④　孤独を楽しむ

これらの項目は、少しでも自分を高める努力を続ける事を惜しまない時間を最後まで過ごしたいとの思いからです。

「天地は我々に形を与えて地上に送り、命を与えて苦労させ、老いを与えて安らがせ、死を与えて休ませる。だから、よく生きる者にして、はじめてよく死ねるのだ」、これは荘子の言葉です。逆に考えれば、「よく死ぬ」ためには、「よく生きなければならない」と言うことでもあるでしょう。そのためには、1日も無駄にしないで、日々精進することが大切です。

この考えに至った理由は、老後という残された自由時間を通じて学べば学ぶほど、「自分は何も知らない」と痛感することの連続です。1つの事を、調べだすと、次々にわからないことが浮上してくるのです。それの1つ1つを調べだすと、時間が足りないことが口惜しい思いでいっぱいです。今思うと、もっと早く引退すべきであったと少しは後悔していますが、時既に遅しということです。「後悔先に立たず」です。
①健康、自由、そして自立が大切です。「身体と脳」の健康を維持するために日々のウォー

キングとスクワットを欠かさず実行し、脳についての知識も欠かさずに、頭にインプットすることです。

80代に向けて、体力も知力も衰えて来ることを止めることはできませんが、「意欲」と「好奇心」だけは常に持ち続ける努力をしなければなりません。

時には外出もして、世の中の変化にも敏感に取り組む気持ちもなければなりません。

②趣味については音楽：クラッシック、オールディーズ、グループサウンズ、フォークソング等、青春時代からこれまでに収集したCDを聞くことです。

青春時代の曲を聞くと、当時に起きたことがよみがえってきます。多感だった学生時代、ラジオにかじりついて夢中で聞いたアメリカのポップス、学生運動が盛んだった時代の反戦歌、この時代に流行りだしたシンガーソングライターの曲等、思い出しながら聞き入っています。既に、半世紀以上も前の事ですが、明確に思い出せます。

10代に聞いていた歌が流れてくると、その時代の風がわずかに吹いてきて当時の事が蘇ってきます。

最近では、BSテレビで昔聞いていた曲目がよく流れてきますので、懐かしく楽しんで聞いています。放送局でも暇な老人が増えて「懐かしのメロディー」を放送することで少しでも視聴率が上がることを期待しているのかもしれません。

それに、最近は「古典落語」、中でも、古今亭志ん朝にはまっています。残念ながら既に鬼籍に入っているため、生の高座を見ることはできませんので、NHKサービスセンターから発売されている「志ん朝三十四席」を購入して聞いています。それ以外にも、過去の名人だった落語家も聞く機会を見つけて聞くようにしています。

独りでいるとどうしても「笑い」が少なくなることを実感していますので、少しでも笑う機会を増やして、頭脳を刺激してやることが必要であり、落語を聞くことは良い薬になります。

以前には、時間がある時には心を鎮めるために「写経」もやっていましたので、これからは、『般若心経』の写経を実践していきます。写経をする前に、読経をして、墨を摺って、一字一字丁寧に書くことで、気持ちを落ち着かせることができます。

すべてが漢字で276字と文字数は少ないお経ですが、1文字1文字心を込めて書き上げると優に1時間以上かかります。そして、最後に自分の「願い」を書いて完成しますが、筆で書いた文字を見ていると、墨の薫りがしてとてもすがすがしい気持になります。心が落ち着く時間でもあります。

③教養を高める。これからの日々の中で一番時間を費やすのは、このパートです。

日本の歴史の中の「縄文時代・文化」と、「中世期」について、特に興味がある時代です。

「縄文時代」は、約1万3000年間続いたといわれています。中でも草創期と早期で全体の3分の2を占めています。これほど長期間の時代が継続できたのはなぜか、疑問が湧いてきます。それを調べて、これからはできれば遺跡巡りも実行していきたいと考えています。

「中世期」については、貴族社会から武士社会への変動期であり、新しい文化も渡来し、新しい知識が開花してくる時代です。「隠遁者」と呼ばれた人たちは、世の中から出家して、花鳥風月を愛で、後世に和歌、随筆、わび茶、能等を現在まで伝えました。日本人の原点を彷彿させる時代です。

この「中世期」には、旧来の仏教とは隔絶した新規仏教が出現しています。特に、「禅」の教えを広めた道元の「曹洞宗」や、「易行」の浄土宗、浄土真宗、日蓮宗などが台頭してきた時代です。

その中で特に興味のある「禅宗」について、松原泰道師の書籍を熟読して、人間としての生き方、死に方について学んでいます。

これまでに記述したことをすべて実行しようとすれば、時間がいくらあっても足りないので、内容を精査して、「やるべきこと」を深堀していくことに集中しています。

幸福な縄文時代

日本史の中でも、日本独特の文化が色濃いと言われているのが「縄文時代」です。縄文時代の最大の特徴は、「時代を通して大きな争いがなかった」ことであり、約1万3000年以上続いた時代という点です。「火焔土器」、「遮光器土偶」「縄文のビーナス」などの独特な土器や土偶類が作られました。

古代遺跡にはロマンがあります。我われの祖先はどのようなところに住んで、何を食べて、何を作っていたのか、それを探り出すことに、大きな夢が膨らみます。

サラリーマン時代に、社内研修で長野県茅野市に行ったときに、空き時間に近くの縄文遺跡である「棚畑遺跡」から発見された「縄文のビーナス」を見学したことを思い出しました。縄文時代中期（5000年前）に制作されたもので、27センチメートルのほぼ完全のまま出土した妊婦の土偶であり、現在は国宝に指定されています。

縄文時代の人々は、「竪穴式住居」に定住化することで一定の集落を形成したとされています。一集落に竪穴住居が4～5棟、家族は6人～8人で構成され、集落の人数は30人前後だったのではないかと思われます。これだけの人数になると、どうしても集団をまとめるための纏め役が必要となりますが、その役目は、主として「長老」が担っていたと言われています。

静岡の小学校に通っていた5年生の時に古代遺跡に興味を持ち、学校内に「昔部」というクラブを立ち上げました。部活動として、安倍川沿いで発見された「登呂遺跡」（弥生時代後期）を見学し、古代の文化に触れた後、学校内に竪穴式住居を再現する作業をした楽しい思い出があります。

縄文時代が一躍関心を持たれるようになったのは、三内丸山遺跡を含む「北海道・北東北の縄文遺跡群」が２０２１年7月27日に世界遺産に登録されたことがきっかけではないでしょうか。

中学・高校時代の歴史の授業で瞬間的に目にしただけと言うのが、一般的な知識です。縄文時代は、知れば知るほど奥が深いと思います。我われの知らないことがいっぱいあります。

例えば、現代の日本人のＤＮＡの10％を縄文人から受け継いでいることが鑑定の結果わかっています。沖縄の人たちは約３割、アイヌの人々は約7割を受け継いでいるといわれています。我われの中にも縄文人のＤＮＡが宿っていることには驚きです。

遺跡から発掘された遺体の平均死亡年齢から推測すると、当時の縄文人の平均寿命は約

30歳くらいと考えられています。ただし、乳幼児の死亡率の高さが影響しており、30％の人は65歳くらいまで生きたようです。

約1万3000年というう長期のあいだには、気候が急激に温かくなったため海面が上昇し、地形が変わり、その後、一段と温暖化が進み関東地方では、栃木県栃木市あたりまで海が広がった（縄文海進という）時期もありました。そのあとも、冷涼期があり海面が下がった時期もありました。このような気候変動に合わせながら縄文人は、定住生活を続け、集落を築いていきました。

安定した定住生活が実現すると、狩猟・採集生活の移動生活には足手纏いだった老人たちも、定住生活が可能になり、老人の経験や知恵が役立ち集落の「長老的存在」になったことでしょう。

残念ながら縄文時代には記録する文字がなかったので正確には分かりませんが、家族間、集落内、集落外の人々との物々交換のためのコミュニケーションは適切に行われており、争いもなかったのだと思われます。

縄文時代の末期には、大陸から大勢の人が渡来し、定住していた縄文人と交流して、お互いの遺伝子を受け継いだ子孫ができ、現代の日本人の祖先となって行った、と考えられています。もちろん、この弥生人たちは、水田稲作を全国に拡大して、弥生時代へと変遷していきました。

縄文時代の約1万3000年間という長い時代を維持できたのには、それなりの理由があるはずです。人々の意識は、常に自然との対応にあり、突然襲ってくる自然の猛威から避難し、予想できない自然災害に苦しみながらも、自分の家族や集落の仲間を守り抜くことを常に求め続けることが生きることであったであろうと思います。男性は男性の役割、女性は女性として役割をそれぞれ全うすることが自然と集活の中で身に付き、それをまた、子供たちに伝承していく義務があったはずです。

当時としては、まだ明確に宗教は存在していなかったでしょうが、「アニミズム」としての自然崇拝は、縄文人の心の中に存在していたかもしれません。

縄文人の10％のDNAを持つ現代人の生活と比較してみると、似通った部分と、全く相反する部分があるように思えます。

一つの竪穴住居には、6人から8人位で三世代が同居していたようです。現在のように核家族化が進み、夫婦だけ、ひとり住まいはなかったでしょう。生きるため、生活をするためには、家族が必要だったでしょう。

また、イノシシやシカなどの狩猟をするには、一人ではできませんから、集落の男性が力を合わせて捕獲しなければ獲物は収穫できません。竪穴住居を建てるのにも、集落の人々の力を借りなければ完成できません。

現代でもわからないことがたくさんあるのが「縄文時代」です。現在でも国内各所で発掘作業は続けられていますので、更なる新しい事実が出土されることを楽しみにしております。

縄文時代のもう一つの興味は、縄文時代がいつ終わって、いつから水田稲作栽培が中心の「弥生時代」になったか、という疑問です。約３０００年前に水田稲作がはじまった遺跡はありますが、２４００年前には、青森まで水田稲作が広まっていた記録があります。

２０１８年（平成30年）に縄文時代ブームがありましたが、縄文文化を憧景する最大のモニュメントは、１９７０年（昭和45年）大阪で開催された「世界万国博覧会」会場に建設された「太陽の塔」です。岡本太郎が、縄文土偶をモデルに作成したことで知られています。現在でも時々縄文遺跡を放映していますが、ブームは静かに継続しているようです。ＳＮＳでも「縄文時代・文化」のサイトがあり、私も参加させていただいています（見るだけですが）。

日本の中世は輝いていた

最初に就職した会社の仕事で、米国の会社の製品を彼らのブランドで製造する（ＯＥＭ）ビジネスの営業を担当したことがありました。営業の仕事には、米国の社長が来日した際の接待係もありました。

ある夏に、ご夫婦で来日されて、休日に東京を案内する機会がありました。丸々一日一緒に行動するのでいろいろ話をする時間がありました。その社長が、「日本は１２００年の歴史があるが、アメリカは、わずか２００年の歴史しかない（当時は、アメリカでは建国２００年祭が開催されていた）」。日本の歴史の重さに敬意をもっているということを強調されていました。

ホテルから会社まで送迎するために、自宅から都心のホテルまで朝は早起きしていかなければなりません。そんな際には、その社長が、「ここまでどれくらい時間がかかるのか？」と問われ、「約1時間半」と、答えました。そしたら、そのホテルの一部屋を取ってくれて、「ここに泊まって、翌朝会社まで送ってくれるように」と、手配をしてくれました。

そして、「明日はこれを着ていくように」と自分の着替え用ワイシャツを一枚貸してくれました。

このように一平社員に対してても心使いをしてくれる社長に対しては、その後も最大限の誠意を持って、その会社と取引をしてきました。その後、会社にとっては最大の取引までに成長しました。

後日談としては、借りたワイシャツは洗濯屋に出して、お礼の手紙をつけて返送しました。日本の歴史の知識を持たれた素晴らしい人でした。

そのやり取りを機会に、「自分は、そんなことを考えたことがあったか？」と自省してみました。

自分の国の事を知らなすぎることに恥じ入るばかりでした。

そこで、引退後に日本の歴史・文化について改めて学んでみる価値があることを認識しました。しかし、何を学ぼうか、考えた時に、頭に浮かんだことは、

一　我が国の歴史の中で一番興味を持てる時代で、日本独自の文化・文芸が開花した時代
二　日本人に大きな影響を与えた時代
三　歴史の中で、日本が大きな変貌を遂げた時代

日本史の中で、この3つに該当する時代を探って見ると、3つの時代が見えてきます。

一　貴族社会から武士社会へ移行した平安時代から鎌倉時代・室町時代

二　織田信長、豊臣秀吉、徳川家康が覇権を争った戦国時代

三　江戸時代末期の「大政奉還」をするまでの幕末時代

歴史は、途切れることなく、その時代の変化を受入れながら進歩・発展していくものであり、その時代がなければ、今日の日本は存在しないわけですが、その中でも一の平安末期の貴族社会から、坂東で勃興した武士たちが新しい社会を築いていく鎌倉時代・室町時代は、文化・文芸という観点から興味をそそられる時代でした。

一方、貴族社会から平家を中心とする武家社会へと変わる中で、「末法思想」により世の中の厭世感や危機感が一層あおられていきました。「末法思想」とは、釈迦入滅から起算して500年の間は「正法の時代」が続き、次の1000年にわたって低位につく「像法の時代」となり、以後は法滅尽の「末法の時代」を迎えるという思想です。日本では、最澄の「末法燈明記」によると1052年を末法元年としています。時代は平安末期に相

当し、「中世時代」（貴族支配から武士支配の鎌倉・室町時代）へと進んでいきました。『愚管抄』の中で作者の慈円は、「保元元年7月2日、鳥羽院失せさせ給いて後、日本国の乱逆と云ふことはおこりて後、武者の世になりにけるなり」と宣しています。貴族中心の政治から、保元・平治の乱後、平家一門の支配があり、その後、源平の戦乱を経て、鎌倉幕府が誕生しました（1192年）。

日本の中心が、京都中心の貴族社会から、鎌倉を中心とした武家社会へと移った、「中世」の社会変革期でした。

時は1142年、鳥羽院の北面武士であった佐藤義清（二十三歳）は、妻と四歳の娘を捨てて、出家しました。名前を「西行」と名乗りました。若干23歳という若さでそれまでの地位や、妻子を捨ててまで出家しなければならない理由は、『西行』（目崎徳衛著）によると、

「精神的には体制に絶望し、物質的には体制離脱の手段をもっていたところに、数寄の世界が開かれてきた。したがって、数寄の遁世は俗界を完全に拒否し脱出する行為ではなく、俗界の周辺で自由に遊ぶ生き方である。僧にも非ず俗にも非ずといった、独自の境涯である。自由人の日本的形態である。以後の中世文化はこのような人々を有力な荷担者としたもので、西行の遁世こそ、そのかがやしい旗手の出現である」と解説されています。

遁世者としてのヒーローとなった西行は、最初は洛外に庵を持っていました。三十二歳前後には高野山に草庵を結び、度々吉野山へも行っています。そして七十二歳のときに、終の棲家を河内国弘川寺に庵を結びました。

西行は死ぬまでに多くの和歌を残しています。その歌には、大自然の存在と、万物の変移を感じられ、その中から「さび」文化が確立されました。そして、

願はくは花の下にて春死なん、
その如月の望月のころ

の歌の通りに73歳の2月16日に没しました。

西行は、和歌の師として仰いだ藤原定家が編纂した『新古今和歌集』に九十四首入集されています。

西行の出家から間もなく、後に隠遁者として名をあげることになる鴨長明が誕生しました。

長明は、1212年に『方丈記』を表しています。

「ゆく河の流れは、絶えずして、しかも、もとの水にあらず。よどみに浮ぶうたかたは、

かつ消え、かつ結びて、久しくとどまりたる例なし。世の中にある、人と栖と、またかくのごとし」

人の一生と、家についてのこだわりを持ち続けた名文です。そして、今、この『方丈記』で注目が集まっているのは、長明が生涯を通じて五度遭遇した「災害」に対する詳細な解説です。

平成７年（１９９５年）の関西・淡路大震災、平成23年（２０１１年）の東北大震災、西日本豪雨、令和のコロナ災害等々、最近の日本での状況を、12世紀に経験した長明です。そして50歳の時に、下鴨神社の河合社《ただすのやしろ》の禰宜になれなかったことに腹を立てて、突然の出家をしました。それまで経験してきたこと、自分の思いが実現できなかった事による無常観が重なっての隠遁と考えられています。

言ってみれば、50歳の男が世を拗《す》ねて隠遁したわけです。ひねくれものだったようです。

鎌倉時代の末期に登場するのが、『徒然草』の作者吉田兼好です。草庵から俗世間を客観的に眺めて、人間について多くの事を批評しています。我われ日本人に一番好まれている随筆ではないでしょうか。50歳で出家するまで宮廷生活を経験し、多くの貴族とも接触し、和歌を詠み、出家後は比叡山の横川で修行も経験した兼好は、世の中を客観的な目で眺め、自然の移ろい、人生のはかなさなどを「無常」と感じ、それを文章にして残した隠者でした。

「中世期」の隠遁者は、その後の日本文化に多くの影響を残しました。その一つが、利休による「わび茶」です。何の飾りもない茶室、閑寂な佇まい、無駄のない仕草、いっぱいの茶を味わう。茶人は、「さび」の佇まいの中で茶を味わうことで、その宇宙観を感じる世界です。

中世的美としては、「能楽」も「さび」の世界を舞に表現したものです。世阿弥によって室町時代に確立された「能」も今日まで続く文化です。

このように中世期の隠遁者により始まった文化は、隠遁者が無常観の中で感じた孤独による「淋しさ」と、草庵生活による「わびしさ」を基にした「さび」と「わび」、そして禅の教えの「空」の世界です。この究極の感覚を芸術にまで育てあげた時代が中世期であり、日本史の中で最も輝いた時代だと思います。

中世から近世になり、中世期の文化は、松尾芭蕉へ引き継がれていきます。西行が旅した東北の各地を、芭蕉はたどって、俳句を作っていきました。

「月日は百代の過客にして、行かふ年も又旅人也。舟の上に生涯をうかべ馬の口とらえて老をむかふる物（者）は、日々旅にして、旅を栖とす。古人も多く旅に死せるあり」

芭蕉は「奥の細道」の旅を46歳で実施しました。

松島・平泉・象潟・金沢・敦賀を経て、美濃大垣までの旅程の中で、「侘び」の境地を追補していたのでしょう。芭蕉の心が鮮明に表現された句があります。

「この道や、行く人なしに秋の暮れ」

そして、芭蕉は、「不易流行」を標榜し、昔の変えてはならないもの、新しいものを取り入れる必要性を説いています。

そして「旅に病んで、夢は枯野をかけ廻る」の辞世の句を残して、51歳で死去しました。

そして、最後の隠遁者は、良寛さんです。

越後の出雲崎の名主の長男として宝暦8年（1779年）に誕生した栄蔵は、15歳で名主見習いとなりましたが、優しい性格から職を全うすることができず、22歳の時に備中玉島の圓通寺の国仙和尚の下で得度し、僧名大愚良寛として修行に励むことになります。宗派は、道元が始祖の曹洞宗で『正法眼蔵』を生涯指針としました。

10年間の修行の後、圓通寺を出て、全国の諸寺を訪ねた末、40歳の時に国上山の五合庵に入ります。

五合庵の清貧の暮らしは、極貧の中、托鉢でその日の食料を得るだけで、それ以上は、他の人に分け与えるだけの最低限のくらしでした。冬は、豪雪地帯で暖房などあろうはずもなく、煎餅布団だけで寒さを凌ぐ毎日です。

新潟の冬は積雪も深く、極寒の中で春を待つ姿を想像するだけで、現代の我われはとても耐えられない生活です。しかし、良寛にしてみれば、そのような極寒の中で過ごした後に来る春の暖かさは、多分、我われが感じ得ない喜びを味わうことができたのでしょう。と想像すると同時に、どちらが幸せなのかをも考えさせられます。

良寛がこのような「清貧の修行」を続ける根底には仏道の「己事究明」があり、生涯の出発点であり、到達点であるとの考えであったと思われます。

良寛は、漢詩に長けており、次のような漢詩を作っています。

生涯身を立つるに懶《ものう》く
騰々天真《とうとうてんしん》に任す
嚢中《のうちゅう》三升の米
炉辺一束の薪《しん》
誰か問わん迷悟の跡
何ぞ知らん名利の塵

夜雨草庵の裡《うち》
双脚《そうきゃく》等閑《とうかん》に伸ばす

この無一物の生活は、現代の我われの生活とは真逆な生活であり、どこか憧れでもあります。そして、良寛が文政11年の大地震のあとある人に送った手紙に、

「しかし災難に逢時節には災難に逢うがよく候、死ぬ時節には死ぬがよく候是ハこれ災難をのがるゝ妙法にて候」

とアドバイスしています。とり様によっては、非常に冷徹に思えますが、実は、最高の思想であると思います。

この歳になると、このアドバイスは、自然に任せるという自分にとっての「死生観」ともなりうるものです。

「散る桜、残る桜も散る桜」、また「裏を見せ、表を見せて散る紅葉」など良寛の名言を残しています。

現在まで引き継がれてきた「隠遁者」の「わび」と「さび」、そして「幽玄美」は、日本人よりもむしろ外国人にその本質が理解され、感覚的にも受け入れられて、多くの観光客が日本を訪れているのではないでしょうか。

物質的成功を追い求めて豊かになっても、精神面での充実感をえられない人々にとって、「わび」と「さび」は「無常観」と合わせて、本来の日本人の心、その中にあるべき精神性ではないでしょうか。現在の人びとはその精神性をもっと大切にすべきではないでしょうか。

第七章　１００年充実

少年の質問「１００年生きるって幸せですか?」が頭をよぎることがあります。そもそも１００歳まで生きることができるのか、自分の最期がいつになるのかを自分で決めることができない以上、「未知」なることを現時点で思索しても意味はないでしょう。１００歳生きることができるかどうかは、「結果論」ですから、それは将来の問題としてたなあげしておきます。

肝心なことは、次の質問「面白くなりそうですか?」。この質問はその次の質問「うれしいこと、たくさん増えますか?」と合わせて考えられる質問であり、この２つの質問について「答え」を出していくことが、これからの自分の毎日の過ごし方を決定することになると思います。

最近、夢を見ることがあります。40代のサラリーマン時代のことです。自分が所属している部署がなくなり、自分の仕事もなくなる、という大変嫌な夢でした。目を覚まして過去の経験が夢に出て来る意味を考えても、理由はよくわかりませんでした。想像するに、当時はそのような「不安」を常にもちながら仕事をしていたのではなかったのか、その思いが現在までどこかに残存していたのかもしれません。

既に30年以上も過去のことは記憶から消去されたつもりでも、無意識の中ではまだ消え去っていないのでしょう。いい思い出は忘れてしまって、いやなことがいつまでも記憶として残っていて夢に現れるのでしょう。

「過去と他人は変えられない」と言われる通り、時々現れる記憶の一つとしてこれからも、付き合っていくしかありません。

改めて当初の質問について考えてみると、果たしてそれほど多く「面白いこと」、「うれしいこと」が老人にあるのだろうか、というかすかな疑念が湧いてくることも事実です。

確かに、現在75歳を過ぎた自分のことを考えてみると、「実年齢（75歳）」と「主観年齢（50代位）」とのギャップが大きいことに対する戸惑いがあります。「後期高齢者」でありながら、「まだ、これからできることはまだあるはずだ」という不確かな確信が一方ではうごめいています。例えば、徒競走をして気持ちだけは前に進むが、足がついていけていないで前のめりに顚倒をして、恥ずかしい思いをした経験と同じです。

それでも「前進」する意欲はあるのですから、「若さ」は持ち合わせているのでしょう。

また「若さ」と同時に「意欲」も持ち合わせています。「自由」な時間の中で、自分が興味を持った案件に首を突っ込んで、メディアやＳＮＳなどの情報を鵜呑みにせず、自分自身で調査するような意気込みを持って、世の中の出来事を「斜」から眺めてみるのも楽しいことです。そして、できればそれを自分自身で外部に発信して、他人の意見も参考にすれば、自分の視野もひろがります。

これからの人生が「面白くなるかどうか」は自分の心がけ次第ではないでしょうか。これまでの会社員時代のように他人に与えられた目標を実行することではありません。これからは自分が主人公です。自分の人生を自分で決める「自由」があります。いいえ、自分で考えて、自分で決めていくのが「１００年人生」の条件です。

「面白い人生」にするために、自分が面白いと思う様なテーマを選択して、それを着実に実行していくことで面白い人生になると思います。

「おもしろい」とはどのような状態をいうのでしょうか。『広辞苑』によると、

①気持ちが晴れるようだ。愉快である。楽しい

②心をひかれるさまである。興趣がある。趣向がこらされている

③一風変わっている。滑稽だ。おかしいなど、とあります。

自分のテーマとしては②心がひかれること、興趣があること、が的確ではないかと思い

ますので、自分にとって「心ひかれること」が中心となります。
その「面白い人生」を実現するためには、自分で選択・決断しなければなりませんが、全く未知な道程を進んでいかなければなりません。地図も羅針盤もない中で紆余曲折しながらも前に進まなければなりません。

これからの80歳、90歳に向かう自分の姿を想像することは難しいことだと不安にもなります。幸いにこれまでに100歳を超えて人生を成就した先人がいるので、その人たちの生きざまを参考にすることは、けっして無意味ではないと考えます。

以前から「長寿」については興味があり、約20年前に『100年を生きる』(リン・ピーターース・アドラー著、鳥飼玖美子監訳)を購入しました。この本は、1990年代に著者がアメリカにおける100歳以上の老人について調査や、インタビューをした結果について書かれています。

アメリカの「センテネリアン」(100歳以上の老人)の存在は、社会における大きな財産であることがこの著書から読み取れる内容です。社会全体で100歳になったことへの敬愛を表すことで、「センテネリアン」にとっての大きな励みにもなっているようです。時代背景は1990年代であり、多分21世紀の今日とは違っている部分はあると思いますが、「長寿の特徴」として5点を揚げています。

・長寿の家系であること
・心身ともに活発であること
・節度ある飲食
・楽観的な生き方
・人生の浮き沈みを乗り越える術をうまく身につけていること

この中では、最初の「長寿の家系であること」は、自分の両親は、父親が80歳、母親が85歳で亡くなっていますので、自分はそれ以上の年齢まで寿命を延ばしたいと思いますが、これはあくまで願望です。

最後の「人生の浮き沈みを乗り越える術」については、これまでの自分の生き方を振返ると、自分の「運命」が深く関わっていたと思われます。これまでの人生を何とか乗り切れた、と考えれば多少は適っていると思います。

この著書を読む限り、現在の日本における「センテネリアン」への対応が十分ではないように思えます。

確かに、100歳をこえた老人には国から銀杯（最近はメッキ加工したもの）が送られているようですが、それだけです。国から100歳老人に対する敬意など全く感じられない状態です。もっとも、令和4年度（2022年）は、9万526人（対前年比で4,

016人増）が100歳以上であり、あと2年もすれば10万人越えになるでしょう。そして、100歳以上の老人の内約7割が寝たきりだとの報告もあります。

このような状態では、国としてはお祝いをして喜んでばかりはいられないかもしれません。アメリカの「センテネリアン」から直接聞き取りした内容の著書のような書籍類を国内では見かけたことがありませんが、国内においては「100歳になる」ことへの関心はそれほど高くないのでしょうか。

一方、国内では「2025年問題」を直近に控えて、「老人対策」で大変なことは予想されますが、これからは「団塊の世代」が「老塊の世代」として、この際「俺たちが社会を動かしている」という生き甲斐をもって、少し暴れまくって、社会を活性化していくことで頑張ることも、老人として元気になる要因となるのではないでしょうか（本書では超隠居生活をテーマにしながらも、我々の世代はこのように考えてしまうのです）。

「長寿の特徴」の中で、これから自分として参考になり、実践できる項目は、一番実行が可能な「節度ある飲食」であり、次に「心身ともに活発であること」と、そして最も心して実行していくことは、「楽観的な生き方」を見習っていくことです。「自由」であるがゆえに、ともすると「己事実行」が基本でうまくいかないときには落ち込むこともあります。その際に心掛ける言葉として「楽観的であれ」です。

これまでのように「計画必達成」が使命ではありませんから、達成できても、うまくいかなくても「よし」とすることで落ち込まないことです。

自由と自立

これまでの自分の人生を振り返って見るとき、一番の後悔は「自分の好きなことができなかった」ことです。社会に出てから約50年間のサラリーマン生活は「自分の思い通りにならない人生だった」という忸怩たる思いが今の自分の中に蔓延していることです。これまでの会社員生活は、「縦社会」の人間関係が中心であり、また、個人としての自分に起こった出来事も人間関係のしがらみの中で、思い通りの人生を過ごすことができませんでした。

一つは、「縦関係」で構築されている「会社生活」では、大きくは「国家」という大きな枠組みの中で生産活動を続ける限りはいろいろな法律によって規制されています。そして、「会社」という組織の中で活動をする以上は、それぞれの会社が規定した「就業規則」や関連法規に従わなければなりません。これらはいずれも、正規なルールであり、それを遵守しなければ罰せられます。しかし、「会社」という「縦組織」では、紙に定められた規律以外に、それぞれの会社の「社風」なるものがあったり、「伝統」という名の「目に見えぬ」決まりがあります。その組織で働く社員にしてみれば、この見えないルールの方が厄介であり、ストレスの原因になる要因でもあります。

最近は、会社によっては「コンプライアンス」を重視して、各種ハラスメントに対しては厳しい対応をしているようですが、それだけでは、解決しないことも多々あります。組織という人間の集まりの中では決してなくならない永遠のテーマです。

オーストリアの心理学者のアルフレッド・アドラーは「すべての悩みは対人関係の課題である。仙人のような世捨て人さえも、実は他人の目を気にしているのだ」(『人生に革命が起きる100の言葉』)と、人間関係について言及しています。サラリーマンでいる限りは、この人間関係から抜け出すことができないことを覚悟しておくことです。

そして、サラリーマンは、自分の労働を会社に提供しているのであり、決められた拘束時間を守り、かつ、仕事のスケジュールなどで時には残業などもしなければなりません。自分の限られた自由時間が制限されていくことも受け入れなければなりません。

昭和40年(1960年)代までは、土曜日は「半ドン」と言って午前中だけ仕事をして、午後は休みでした。それが、当時の松下電器産業(現パナソニック)の松下幸之助社長が、欧米にならって、土曜日も休日にし週休2日制になったのが1980年代でした。我われが社会に出た当時はまだ「半ドン」制度があり、土曜の午後は会社の同僚たちと遊びに行ったことを思い出します。

現在では「週休2日制」が当たり前であり、中には「週休3日制」を導入する企業も出始めています。働く時間は短くなっていますが、業種や職種によっては従前の仕事時間の会社も未だ存在していると思います。

「団塊の世代」が社会に出たころは、日本経済が成長を続けていた時代で、誰もが、将来は管理職になって、郊外に家を持ち、自家用車、カラーテレビそしてクーラーを持つために必死で働いて、それを実現した時代でした。そのために、家族を犠牲にしてきました。その結果、現在の老後生活は幸せに暮らせているのでしょうか。「老人格差」といういやな言葉もあるように、「後期高齢者」になって、苦労をしなければならない年金生活者を生んでしまったのではないでしょうか。

これまでに揚げた事象は、「自由」を疎外する「外部要因」でありました。その「外部要因」以外に、ほんとは自分の「自由」を阻む要因として考えられる「内部要因」があると考えます。それは、自分の内部に潜む「自我」に基づく「欲望」や「感情」などです。

もっと出世をしたい、もっと高給を稼ぎたい、など人間の限りない「欲望」や、自分にとって都合の悪いことを避けて、「いい子」でいたい、「自分だけ楽をしたい」などのずるい「感情」などによって、自分の自我を前面に出して「我を通す」ことで他人との関係を悪くすることもありました。

これまでの自分の前半生を顧みると、「目にみえないもの」が自分の気持ちや、性格に大きな影響を与えて「自由」を疎外してきていることが分かります。

これらの「自由」を疎外する「外部要因」と「内部要因」を冷静に分析することで、これからの後半生の「林住期」を「自由」に生きて行くための参考になることは、大変有意義な反省であります。

『広辞苑』で「自」と「由」をそれぞれひくと、

「自」（みずから）自分自身。わたくし。自分から等

「由」（よる）そのことに基づく。拠り所とする等

「自由」は、「自分自身を拠り所とすること」とも解釈できます。

これから「自由」であることとは、自分の行動、思考、判断は、すべて自分自身の生き方に基づいていくことを意味します。

そして、「自由自在」は、思いのままであること。思いのままにすること（『広辞苑』）。そ

して、「自由」であるためには、自分の「思い」がその中心です。

「自由」は英語で〝ＦＲＥＥ〟ですが、そのあとに〝ＦＲＯＭ〟と助詞が付帯すると「何から自由になる」と言う意味を表します。これから自分が得る「自由」は、なにから解放されるか、考えてみました。

その一番は、「会社生活からの自由」です。

毎日の通勤時間、会社での仕事時間、仕事の後の付き合い時間等を含めると、これまでの自分の人生での時間の大半は、会社関係での拘束時間でした。「引退」後は、その時間すべてが、自分のための時間となります。肝心なことは、その時間をどう活用して、楽しい老後生活を実現するかです。

次に挙げられることは、「社会的責任」からの自由です。会社を起業し、社員を採用して、多くの取引を開拓してきました。「経営者」として、これらの人々に対しては、社会的義務を果たす責任が常にありました。その役割とストレスからも解放されて、今後は、自分の事だけを考えていける解放感を得ることができました。

「人生は予定通りにはいかない」ことは十分に理解していました。当初の予定では、60歳で「定年」を迎えてあとは、好きなことに時間を使うつもりで計画しておりました。しかし、58歳の時に、予定が狂う事態が発生しました。

「自由」と、「起業」を天秤にかけて、決断を迫られることになったのでした。思いがけないことでした。「晴天の霹靂」でした。

「起業」と言う誘惑に導かれて、「自由」を一時お蔵入りさせてしまいました。「男一生に一度は、一国一城の主」になってみる、ことは、人生の挑戦でもあり、残りの人生を賭けるに値することでもある、と決行しました。

幸い、会社は順調に成長することができ、「15年転職説」(私の個人的見解)通り、無事に会社を引退することができました。「人生の回り道」をしてしまいましたが、老後の人生設計の経済的基盤を確保できたことは期待もしなかった収穫でした。

自由時間がどれくらい残されているか予想もつきませんが、遅れてきた「林住期」を精一杯楽しむことが、また「自立」した人生へとつながっていくと考えます。

「自由」を獲得する裏側には「義務」が付いて回ります。老後になって、自由を獲得した老人の義務とは、「自立」ではないでしょうか。『広辞苑』によると、「自立」とは、「他の援助や支配を受けず自分の力で身を立てること」とあります。

「人生100年時代」をエンジョイするためには「自立」した生活が求められます。「後期高齢者」になり、既に「平均健康寿命」の72歳を過ぎた現在は、さらに、健康で人生を楽しむために必要な生活基盤を持っていなければなりません。

ＷＨＯの「健康」の定義は、「健康とは、完全に身体、精神、及び社会的にあっても、よい状態であることを意味し、単に病気ではないとか、虚弱でないということではない」とあります。

健康であることとは、他人の介護を得ず、自分の足で自分が思うところへ自由に行けることです。それだけではなく、多少耄碌はしても、頭脳は正常に判断できる水準を維持していなければなりません。

最近、70代、80代の老人向けの健康本が書店にあふれかえっています。そのなかで、自分が「これだ」と思ったものを選択して、実践しています。

次に、「自立」するためには、老後の生活のための経済的資金です。「隠居生活」の定期収入は「厚生年金」です。１カ月おきに入金される金額の範囲で生活をすることを心掛けていくことが基本です。

また、頭の体操をかねて、多少の投資を楽しむことも、ボケ防止にも役立つことになります。これまでの海外取引の経験を生かした「外貨建て投資」は、毎日の「外国為替市場」の動静を観察し、国内外の中央銀行の施策などを新聞やテレビで知ることなど、興味を持つことでもボケ防止にもつながり、「自立」を維持する方法だと考えます。

「引退」は、確かに大きな人生の節目であります。それまでの生活すべてが、拘束されて、自分の自由がなかった生活でした。それが、24時間すべてが、自分で自由に使える時間を得たことは、幸いでしかありません。

「自由」と「自立」を確保した人生でも、逃れることのできない「四苦」は自分の人生の背後に常に存在しており、忘却することはできません。現在は、心身共に健康でありますが、これから八十代に向けて体調にも衰えが出てくることを止めることはできません。

橋本治氏の著書のタイトルに『いつまでも若いと思うなよ』があります。

その著書の背表紙に「若さにしがみつき、老いはいつも他人事、どうして日本人は年を取るのが下手になったのだろうか」とあります。

確かに、自分のこととして振り返ってみると、言われるまでもなく、自分自身も「若さ」にしがみついて、いつまでも自分が「年寄りである」ことを認めたくない、思いが強いことは否定しません。

無理に自分を年寄り扱いする必要はないでしょうが、他人様に迷惑をかけるようになったら、そうは言っていられないでしょう。

「いつまでも若者ぶった年寄り」にはなりたくはありませんから。

その時には、素直に「自分は後期高齢者です」と認めて、なりゆきにまかせる人生に転換し、素直に他人の世話になることは否定できません。

それを「諦める」というのでしょうが、この「諦める」という言葉は、現在は否定的な意味で使われていますが、本来は「明らかに究める」ということだそうです。自分の年齢に相応の生き方を探して、その生き方に沿って行くことが、人からも一目置かれる老人の姿ではないでしょうか。

それを目標に日々精進していく老人が自分でありたいと思います。

エピローグ

5分の砂時計から砂が落ち続けています。

既に、四分の三の砂は下に落ちて、上部に残っているのは四分の一だけです。時間は確実に進んでいます。最近、時間が過ぎるスピードが早まっているのを実感しています。

砂時計が上部から下へ確実に落ち続けているのを眺めていると、砂の1粒1粒は見えないが、とても愛おしく思えます。自分の時間が無くなっていくような気がするからでしょうか？

「目に見えるもの」と、「目に見えないもの」への自分の意識の持ち方は違うような気がします。例えば「時間」は「目に見えないもの」ですが、その時間である「今」が大切だ、と人は言いますが、本当にそう思っているだろうか？

砂時計の上方から砂が落ちているところを見ることができます。それが「目にみえるもの」です。「目に見えるもの」を通じて、「目に見えないもの」を感じることの大切さを学ぶことがあります。時として、「目に見えるもの」は、実際になくなれば「なくなった」と、納得しますが、「目に見えないもの」を喪失しても実感がわかないことがあります。時間だけでなく、「目に見えないもの」で大切なものは多くあります。

「心で見なくっちゃ、ものごとはよく見えないってことさ。かんじんなことは、目にみえないんだよ」（サン・テグジュペリ著『星の王子さま』）

古希を既に過ぎた今、「後期高齢者」とは言われるが、まだまだ十分活動できる体力も知力もあります。そして今の自分は「自由自在」の存在で、何の制約も拘束されるものもなく、最高の環境の中で、第三幕を開演できる喜びを実感しています。

これからの第三幕の脚本を自分で書いて、そのストーリーは自分自身で考えて、それを自分一人で演じていく。そして、その演出も自分が納得できるような作品に仕上げることができれば最高の幸せです。

或る老人の物語であります。

それまでの第二幕の人生をすべて投げ捨てて、これから全く新しい第三幕の人生をスタートする、ストーリーであります。

その男の年齢は、75歳で社会的には「後期高齢者」と呼ばれるが、本人は、まだ若いつもりでいるので、その呼び名には抵抗感があります。

確かに年齢のわりには、周りからは若いと見られていることに、当人も悪い気持ではないようであり、戦後育ちで、世の中は「若者中心」で動いており、「若い」ことが素晴らしいことであるとの世代で育ちました。その感覚をずっと引きずってきたので、当人も「老いる」ということを簡単には受容できないでいるようです。

「年寄り」の実感がないために、自分もまだまだ若いと思込みがあり、年寄り扱いをされることに不満を持っています。２０２５年までに「団塊の世代」が後期高齢者になり、「老塊」が一気に８００万人流入してくるので、老人人口が増加し、日本は老人国家となるのです。

その老人は、大きな塊の圧力を感じながら、「自由自在」の人生最後の旅程に乗り出すことになりました。その旅の目的地は、遥か彼方に漂うような存在の「死」が待っています。

世間から離れた空間に独居を構えて、独り生きている自分が第三幕の主役です。そこでは、先人が生きてきた姿を想像しながら、お手本にして、「孤独」を楽しんでいます。

その生活の根本は、「諸縁放下」と、「寸陰愛惜」です。多くの柵《しがらみ》を持った世間との関係を断つことで、煩わしい出来事から離脱する。そして、僅かの時間を惜しんで、「今、ここ」を大切にして毎日を過ごすことを指針として、後悔のない老後を心掛けていくでしょう。

『徒然草』第三十八段には、

「名利に使はれて、閑かなる暇なく、一生を苦しむるこそ、愚かなれ。財多ければ、身を守るに貧し。害を買ひ、累《わづら》ひを招く媒《なかだち》なり。身の後には金をして北斗をさゝふとも、人のためにぞわづらはるべき。愚かなる人の目をよろこばしむる楽しみ、またあぢきなし。大きなる車、肥えたる馬、金玉の飾りも、心あらん人は、うたて愚かなりとぞと見るべき。金は山に捨て、玉は淵に投ぐべし。利にまどふは、すぐれて愚かなり」とあります。

これまでの自分が目指していたものがいかに愚かであるかを鋭く指摘されています。これからは、名声や、財産を増やすことに身を費やす事は愚かな事であることを、兼好法師は教えてくれています。

これからの時間は、これまでに目指した名利や財産を増やすことは空しいことを肝に命じます。まず、その目標は限りがないことを自覚することから始まります。その名声や財産と、自分に残された時間を天秤にかけて、どちらを選択するかは明白です。

それならば、その貴重な時間の使い方を熟考することが肝要です。自分の外側にある名利や財産でなくて、内側にひそむ智恵を充実させることを第一に考えなければなりません。

そのためには、まず、己の期待に合わせて自分が生きていくことを心掛けます。他人から避難されようが、自分がきめた道を自分の歩幅で進んでいくことです。そして、ありのままの自分を受け入れます。

「人生100年時代」を全うするために、まず第一段階として、80歳に向けて、1日1日を楽しく暮らして過ごすことです。

しかし、老後の不安を拭い去ることはできません。毎日、朝目が覚めたときに、「新しい朝を迎えることができたことに感謝」して、ルーチンの朝の散歩をし、身体に気になることがあれば、「養生」して体調を整えます。

和田秀樹先生の『80歳の超え方』を参考にして70代の生活術をクリアしていきます。

老後の人生は、個人差が大きい、日ごろの心がけが大事であることを指摘されています。80代を健康に生活するためには、70代に身体と、頭脳を鍛えることを心掛けることが、健康寿命を維持するための基本です。

日々、学んでいくにつれ、自分の無知を実感する。「無知の知」ソクラテスの真理探究への基本的な考え方の通り、学ぶことが、どんどん深みに沈み込んでいく思いです。これも、自由な中での新たな経験であり、知ることの喜びを実感するときでもあります。

1日24時間すべてが自分の時間であり、余裕を持って時間を過ごすことができる、と思っていたが、さにあらず、やるべきことがどんどん増えて、もっと、時間が欲しい、と思う毎日を過ごしていることでしょう。

天平2（七三〇）年正月十三日。九州・大宰府の大伴旅人の邸宅で開かれた梅の花見で詠まれた三二首の歌の序文に次のものがあります。

「時に、初春の令月にして、気淑く風和らぐ。梅は鏡前の粉を披き、蘭は珮後の香を薫らず」

ここから「令」と「和」の二文字が選ばれて「令和」の年号になった（辯田隆史著『100歳まで読書』）。

年号として、初めて日本独自の文学である『万葉集』から採用されました。

昭和・平成が終わり、令和という新しい年号になったが、地球規模での災害や、紛争は後を絶ちません。これから、楽しく老後を過ごそうと計画しても、「諸行無常」の世であれば、生きている間に何が起こるかも予想できない時代でありますが、少なくとも、自分が生まれて75年間、戦争も内乱も発生しなかった日本という国に生まれてきたことは幸せでありました。むしろ奇蹟と言えるかもしれません。

40代のころ、私は自分自身の将来に対する「生涯宣言文」を作成していました。そして、それを今日まで大切に守って実行してきました。

『私のミッションステートメント』

「私の生命は何百万年にわたって受け継がれてきた奇跡の生命力であり、厳しい生存競争を耐え抜いてきた強靭な生命体である。その生命の受け継ぎ手として、与えられたたった一度の人生を有意義に過ごすことが、私の使命である。

私は、独立した人間として、自尊心を重んじ、正直・誠実を行動規範として毎日を生きていく。そして、楽しい人生を送るために、経済的・精神的・時間的に余裕を持った生活を実現しようと考える。そのためには、経済的成功を達成しなければならない。

この夢を実現するために、宇宙エネルギーの受信装置である『無限の潜在能力』を十二分に活用していこう。

私の一日は、「感謝の言葉」を持って終わることを、毎日の習慣とする」

この宣言文を手帳にはり、常に持ち歩き、機会があるごとに読み返し、時には、アファーメーションとして声を出して読んできました。短い文ですが、この宣言文を読むことで、自分の原点に戻って、最後の時まで正しい道を進んでいくことができますし、本文の中の「無限の潜在能力」をこれからも信じて、自分を高めるための努力を続けていきます。

『感謝のことば』

これまで未熟な私の人生に係わりを持ってくれた人々、この世に生を授けてくれた両親、我儘な人間である自分と50年近くもいっしょに家庭を築いてくれた妻、そして子供と孫たち、学生時代の友人たち、仕事のことでいろいろアドバイスをくれた仲間など、「血縁」、「地縁」、「社縁」などの「縁」で結ばれた方々に改めて感謝します。

参考文献

アンドリュー・スコット著／リンダ・グラットン著／池村千秋訳『ＬＩＦＥ　ＳＨＩＦＴ』（東洋経済新報社２０１６）
前野隆司著『幸せな孤独』（アスコム２０２１）
芥川龍之介著『侏儒の言葉・西方の人』（新潮文庫１９６８）
池田清彦著『40歳からは自由に生きる　生物学的に人生を考察する』（講談社現代新書２０２２）
池田清彦著『病院に行かない生き方』（ＰＨＰ新書２０２２）
五木寛之著『孤独のすすめ』（中公新書ラクレ２０１７）
五木寛之著『林住期』（幻冬舎文庫２００８）
五木寛之著『人生の目的』（幻冬舎文庫２０００）
五木寛之著『白秋期』（日経ＢＰマーケティング２０１９）
貝原益軒著／伊藤友信訳『養生訓』（講談社学術文庫１９８２）
伊藤剛著『カラダを考える東洋医学』（朝日新聞出版２０１８）
稲垣栄洋著『生き物が老いるということ』（中公新書ラクレ２０２２）
永六輔著『大往生』（岩波新書１９９４）
大橋巨泉著『大橋巨泉「第二の人生」これが正解！』（小学館２０１３）

樺田隆史著『「考える力」をつける本』（三笠書房2013）
樺田隆史著『続「考える力」をつける本』（三笠書房2014）
樺田隆史著『100歳まで読書』（三笠書房2019）
鴨長明著『方丈記』（角川学芸出版：改版2010年）
斎藤茂太著『老いへの「ケジメ」』（三笠書房2020）
堺屋太一著『堺屋太一著作集』第1巻（東京書籍2016）
佐藤一斎著／川上正光訳『言志晩録』（講談社1980）
サン＝テグジュペリ著『星の王子さま』（新潮文庫2006）
慈円著『愚管抄』（岩波書店1949）
篠田桃紅著『これでおしまい』（講談社2021）
セネカ著／草柳大蔵訳『わが死生観』（三笠書房1988）
立花隆著『いつか必ず死ぬのになぜ君は生きるのか』（SBクリエイティブ2022）
外山滋比古著『老いの練習帳』（朝日新聞出版2019）
新村出編集『広辞苑』（岩波書店2018）
橋本治著『いつまでも若いと思うなよ』（新潮新書2015）
橋田寿賀子著『安楽死で死なせて下さい』（文春新書2017）
長谷川町子著『サザエさん』（朝日新聞出版2010）
小倉広著『アルフレッド・アドラー　人生に革命が起きる100の言葉』（ダイヤモンド社2014）

松原泰道著『「般若心経」という生き方』（現代書林2001）
松原泰道著『人は必ず死ぬ』（主婦の友社1999）
松原泰道著『人間としての生き方』（サンマーク出版1998）
松原泰道著『九十九歳。今日をもっと工夫して生きる』（海竜社2006）
増本康平著『老いと記憶　加齢で得るもの、失うもの』（中央公論新社2018）
三木清『人生論ノート　幸福について考え方がわからない人へ』（青龍社1998）
目崎徳衛著『西行』人物叢書（吉川弘文館1989）
リチャード・バック著／五木寛之訳『かもめのジョナサン』（新潮文庫1974）
リン・ピーターース・アドラー著／鳥飼玖美子監訳『100年を生きる』（三田出版会1997）
和田秀樹著『六十代と七十代心と体の整え方』（バジリコ2020）
和田秀樹著『80歳の超え方　老いは怖くないが、面倒くさい』（廣済堂出版2022）

〈著者紹介〉

伊勢孝雄（いせ たかお）

1946年静岡県清水市（現在：静岡市清水区）生まれ。

1969年神奈川大学経済学部卒業後、一部上場音響製品製造・販売会社に入社。海外支店管理部門・営業部門を経験し、15年在職後自主退社。

1984年外資系コンピューター会社日本法人に転職し、マーケティング・企画部門、リース部門を経験し、1999年退社後、外資系金融会社に入社。

2004年コンピューターのサービス会社を神田で起業。2019年会社をＭ＆Ａ（株式譲渡）で社長退任。

75歳より「令和の酔狂老人」と自称して、「林住期」を楽しむ。

また、人生100年時代を生き抜くために「15年転職説」を推進する。

「老《お》い」の秘訣《ひけつ》

2023年8月9日　第1刷発行

著　者　　伊勢孝雄
発行人　　久保田貴幸

発行元　　株式会社 幻冬舎メディアコンサルティング
〒151-0051　東京都渋谷区千駄ヶ谷4-9-7
電話　03-5411-6440（編集）

発売元　　株式会社 幻冬舎
〒151-0051　東京都渋谷区千駄ヶ谷4-9-7
電話　03-5411-6222（営業）

印刷・製本　中央精版印刷株式会社
装　丁　　弓田和則

検印廃止

ISBN 978-4-344-94546-3 C0093
幻冬舎メディアコンサルティングＨＰ
https://www.gentosha-mc.com/